プチ多肉の
寄せ植え
アイデア帖

平野純子

はじめてでも
かわいく
作れる！

Lovely
Tiny SUCCULENTS

講談社

Introduction

はじめに

モコモコと伸びた茎がかわいい
色も形も個性的な多肉植物たち。
草花に比べて手間がかからず水やりが楽で、
初心者でも育てやすい種類が多いことも、
多肉植物の魅力です。

多肉植物にはたくさんの種類があり、
売られている苗の大きさもさまざまです。
1つの種類を大きく育てても楽しいですが、
いくつかの種類を集めて寄せ植えにすると、
多肉植物の可能性が無限大に広がります。

なかでも、小さな多肉植物は、
自由自在にアレンジできて、とってもキュート!
お気に入りの古いカフェオレボウルや、
リメイクした空き缶や植木鉢や100円グッズ、
鉢底穴のない器にも寄せ植えできます。

水ごけを使ったハンギングバスケットや
固まる土に植えこんで壁掛けにすると
立体的に飾れてとってもかわいい!

多彩なアイデアを取り入れて、
好きな多肉植物を飾ってみてください。
自分だけのお気に入りの寄せ植えを、
多肉植物で作ってみませんか?

100円グッズのラタンボールを使った、手のひらサイズの多肉ボール。麻ひもをつけてつるすと、ゆらゆらとかわいいモビールに。どこにでも飾りやすい大きさ。(➡P.31)

小さくて
かわいい
多肉植物

お気に入りの
場所に飾って

小さなかわいい寄せ植えは、
何度でも眺めたくなります。
どこにでも置きやすいので、
ベランダやエントランス、テ
ラスなど、お気に入りの場
所に飾って楽しめます。

手のひらに
のるくらいが
かわいい!

多肉植物の寄せ植えは、小さいほどかわいい! ミニサイズのバスケットに数種類の多肉植物を植えるだけで、短時間でかわいい寄せ植えが作れます。(→P.32)

空き缶や古い鉢も
リメイクで見違える

身近な空き缶や100円グッズ、古い鉢や苗が入っていたポットなどが、ちょっとしたアイデアで大変身!カラフルでかわいい、多肉植物との相性は抜群。(→P.22)

Contents

はじめに…2

小さくてかわいい多肉植物…4

本書をお使いになる前に…7

Chapter 1
すぐできる！
かわいい多肉植物を
植えてみよう

多肉植物の準備…8

置き場所…8

あると便利な道具…8

おすすめの用土…9

固まる土の使い方…9

鉢底穴がない器の用土…9

水やりのポイント…9

基本の植えつけ 1 [動画]
単頭タイプ…10

基本の植えつけ 2 [動画]
群生タイプ…11

基本の寄せ植え 1 [動画]
三方見タイプ…12

基本の寄せ植え 2 [動画]
四方見タイプ…14

Chapter 2
アイデアいっぱい！
多肉植物の小さな寄せ植え

[いろいろな器や鉢に]

1 かわいい小さなジャム瓶に…16

2 ベルカップでイースター風の卵に…17

3 ホーローのミルクパンに…17

4 ミルクピッチャーに…18

5 動物をかたどった鉢で…18

6 タブレット缶でおいしそうに…19

7 木の枝をくりぬいて…20

8 カフェオレボウルを使って…21

9 コーヒーメジャースプーンに…21

10 紅茶の缶でタルト風に…22

11 豆鉢で盆栽風に…22

12 古い急須で和モダンに…23

13 苗のポットをミニバケツに…24

14 小さなトロフィーカップ…25

[100円グッズを使って]

1 ペン入れをアンティーク調に…26

2 キャンディ入れのテラリウム…27

3 四角い缶をプレゼント風に…27

4 排水溝バスケットの小さな鉢…28

5 ミニざるのハンギングバスケット…28

6 木製トレイを壁掛けに…29

7 ワイヤーバスケットの箱庭…30

8 ラタンボールで多肉のモビール…31

9 プリンカップをミルク缶に…31

10 ミニサイズのバスケットで…32

11 ミニじょうごのガーデンピック…33

[空き缶をリメイクして]

1 フルーツ缶を塗って紙を貼る…34

2 ツナ缶のドライガーデン…35

3 スパム缶の形を生かして…35

4 2種類の缶で
北欧風ティーセット…36

5 ツナ缶とワイヤーの鳥かご…37

6 北欧風の妖精のおうち…38

7 楕円形の缶をバスケット風に…39

8 漆喰風塗料でシックに…39

9 板と空き缶で
ジャンクな壁掛け…40

10 カラフルなウエルカムサイン…40

11 デコパージュの
カップ＆ソーサー…41

12 缶の蓋で調味料トレイ風に…42

13 スパム缶で草屋根のおうち…43

14 トマト缶の底をバスケットに…44

15 さば缶のカラフルなお鍋…45

[アイデアとDIYで変身]

1 チキンネットを丸めたリース…46

2 つるのリース台で小さな鳥の巣…47

3 苗ポットでリース形ハンギング…47

4 角材と豆腐パックのフレーム…48

5 ワイヤーと麻ひものミニリース…49

Chapter 3

アレンジや寄せ植えに使いたい！
かわいい多肉植物図鑑

図鑑の見方…50

アエオニウム属…50

エキヌス属…51

エケベリア属…51

オスクラリア属…53

オトンナ属…53

オロスタキス属…53

カランコエ属…53

クラッスラ属…54

グラプトセダム属…58

グラプトペタルム属…58

グラプトベリア属…59

コチレドン属…60

セダム属…60

セデベリア属…66

セネシオ属…68

パキフィツム属…68

プレクトランサス属…69

ポーチュラカリア属…69

Chapter 4

多肉植物の
育て方と管理のポイント

多肉植物の生育サイクル　春秋型…70

多肉植物の生育サイクル　夏型…71

多肉植物の生育サイクル　冬型…72

多肉植物の手軽なふやし方…73

寄せ植えのリフォーム…74

DIYに便利な道具や資材…75

寄せ植えをすてきにする DIY…76

多肉植物の購入先とネットショップ…78

Chapter3 かわいい多肉植物図鑑さくいん…79

本書をお使いになる前に

● 本書は、「多肉植物」を寄せ植えで楽しむための本です。

● 「多肉植物」とは園芸の用語で、主に乾燥地帯に生育し、葉や茎、根に水分を貯める機能を持った植物の総称です。サボテンも多肉植物の仲間といえますが、一般に多肉植物とサボテンは別のものとして扱われます。

● 植物や100円ショップの資材などは、時期や業者の都合により同じものが入手できないことがあります。その場合は類似のもので代用してください。

● DIYの作業は、できるだけかんたんにできる方法を採用しています。詳しい作業方法や手順は、お近くのホームセンターのお客様窓口や DIYの専門書でご確認ください。

● 各植物のデータは、関東以西の平野部を基準にしています。

● 植物の成長は、その年の気候、栽培環境、個体差により異なることがあります。

動画について

● P.10～P.15の「基本の植えつけ1」「基本の植えつけ2」「基本の寄せ植え1」「基本の寄せ植え2」には、動画がついています。

　・スマートフォンをお持ちの方は、QRコードからご覧ください。

　・電子版をお読みの方は、URLをクリックしてください。

　・パソコンをご利用の方は、以下のサイトからご覧ください。

　　https://k-editorial.jp/mov/petittaniku/

　動画サイト（YouTube）に接続されます。なお、動画サイトの都合により、予告なく動画が変更・終了になることがあります。予めご了承ください。

● QRコードはデンソーウェーブの登録商標です。

Chapter 1
すぐできる！
かわいい多肉植物を植えてみよう

多肉植物を植えて育ててみましょう。あると便利な道具や用土、
基本的な植えつけ方や寄せ植えのコツをご紹介します。

多肉植物の準備

寄せ植えにする多肉植物は、
同じ生育環境のものにすると
管理が楽です。

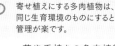

多肉植物の小さな苗
は、1号ポットから販
売されており、そのま
ま利用できる。

※1号＝直径約3cm

苗や手持ちの多肉植物を
小分けや挿し芽にして寄せ
植え素材にできる。

※小分け＝P.13、15参照
　挿し芽＝P.73参照

置き場所

日なた（日照：1日6時間以上）が基本で、
夏は明るい半日陰（日照：4～5時間）に。
風通しのよい、棚や台の上がおすすめ。

室内なら明るい窓辺に置き、
数日おきに屋外に出すなど
の工夫を。日照不足だと間
延びする。

夏は明るい半日陰が適
し、それ以外は日当たり
のよい場所に。日照不
足だと紅葉しない。

あると便利な道具

はじめて多肉植物を育てたり、寄せ植えを作って楽しむときに、
揃えておきたい道具たち。ネット通販でも購入できますが、
実際に手にとってみて、使いやすいものを選ぶのがおすすめです。

はさみ

株分けや切り戻しなどに
使用。さびにくいステン
レス製で、先端の細いタ
イプがおすすめ。

土入れ

多肉植物の場合は、小
さな隙間に用土を入れ
ることが多いため、細く
て小さいものがよい。

ピンセット

大小様々なタイプがあ
る。小さな寄せ植えなら、
一般的な大きさと小型
の2種類を揃えたい。

箸

狭い場所や鉢の隙間ま
で用土を入れるのに便
利。ビニールなどに穴を
あけるときにも役立つ。

水差し

葉に水がかからないよう
に用土に水やりができる
ので便利。先端が細く
使いやすい。

スプーン

小さな隙間に用土を足
したり、砂利やゼオライ
トなどの資材を入れると
きに便利。

鉢

小さな鉢は、鉢底穴が
小さい場合がある。購
入する際は穴が大きめ
のものにする。

鉢底ネット

鉢底穴からの用土の流
出を防ぐ。はさみで鉢底
穴よりも大きめに切り、
穴をふさぐ。

おすすめの用土

乾燥した環境に適応する多肉植物に適した用土は、水はけと通気性が最も重要です。
水やりしたときに、底の穴から水がすーっと抜ける状態になるようにしましょう。
市販の培養土を利用する際にも、水の抜け方を目安にします。

手軽な配合用土

よく混ぜて使う

市販の
草花用
培養土：3

桐生砂または
軽石（小粒）
または
硬質鹿沼土
（小粒）：2

おすすめの配合用土

よく混ぜて使う

硬質
赤玉土
（小粒）：3

市販の
草花用
培養土：2

桐生砂または
軽石（小粒）：1

水ごけ

水を吸わせ、軽く水気を絞って使用する。本書ではハンギングボールやチキンネットのリースなどのアレンジメントに用土の補助として使用。

固まる土の使い方

水で練って使い、乾くと固まるので、多肉植物の立体的な植え込みができる用土です。
吉坂包装株式会社
https://www.dream-craft.jp/

1 使う分量をボウルなどに出し、少しずつ水を加える。

2 水とよく混ぜて、水分がなじむまで数分そのまま待つ。

3 ネバネバと糸を引き、まとまるようになったらできあがり。

鉢底穴がない器の用土

食器や瓶などの底に穴がない器に植えるには、容器の底に根腐れ防止剤（ゼオライトやケイ酸塩白土など）を入れます。

1 容器の底にスプーンでゼオライトを入れる。量は容器の底が覆われるか、深さ約⅓が目安。

2 1の上から土入れなどで上記の配合用土を足し、必要な深さまで入れる。さらに固まる土を入れる場合は、P.16参照。

重要！

水やりのポイント

乾いてからたっぷりと

水やりは葉にかけず、株元の用土に鉢底穴から水が出るまで与える。次の水やりは用土が完全に乾いてから。

基本の植えつけ 1

単頭タイプ

エケベリア、パキフィツムなど、
1鉢に1種類の大きな株を
植える場合の植えつけ方です。

どこから見ても、
きれいに
見えるように！

エケベリア
アモエナ

用意するもの

苗：エケベリア アモエナ（2号ポット）
用土、土入れ、箸、鉢底ネット、水さし、鉢（2.5号）

動画で見よう

https://youtu.be/AqbLVwI7bz0

1

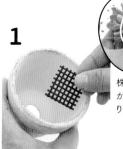

株元に枯葉
があったら取
り除く！

鉢底の大きさに合わせ
て、鉢底穴よりも大きめ
に鉢底ネットを切り、鉢底
に敷く。

2

肩

根鉢

下側

苗を静かにポットから抜き、根鉢
の肩と下側をやさしく取る。全体
の⅓くらいになるように。

3

株の表情や
向きをよく見て！

バランスや向きを見なが
ら、株の地上部が鉢の中
心になるように据える。

4

土入れに用土を入れ、位
置をずらしながら、鉢の
隙間に用土を足し入れる。

5

鉢の中に隙間ができない
ように、箸で突いてしっか
りと用土を詰める。

6

鉢底穴から水が出
るまで水やりする。

花束みたいに、まとまって見えるように！

基本の植えつけ 2
群生タイプ

クラッスラ、セダムなど、株立ち状に生えている苗を1鉢に1種類植える場合の植えつけ方です。

用意するもの

苗：クラッスラ ルペストリス（2号ポット）
用土、土入れ、箸、鉢底ネット、水さし、鉢（2.5号）

クラッスラ
ルペストリス

動画で見よう
https://youtu.be/GQULMGUkjzg

1

株元に枯葉があったら取り除く！

鉢底の大きさに合わせて、鉢底穴よりも大きめに鉢底ネットを切り、鉢底に敷く。

2

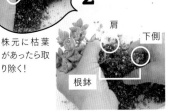

肩
下側
根鉢

苗を静かにポットから抜き、根鉢の肩と下側をやさしく取る。全体の1/3くらいになるように。

3

ほぐす！

束ねる！

根がついたまま、1本ずつになるように手のひらの上でほぐしてから、苗を花束のように軽く束ねる。

4

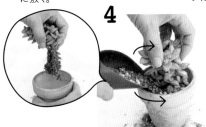

束ねたまま片手に持ち替え、株の地上部が鉢の中心になるように据える。土入れで位置をずらしながら、鉢の隙間に用土を入れる。

5

鉢の中に隙間ができないように、箸で突いてしっかりと用土を詰める。

6

鉢底穴から水が出るまで水やりする。

11

前方から、
きれいに
見えるように！

前方からきれいに見える植えつけ方です。
背面に壁がある台の上などに
置く場合におすすめです。

用意するもの

苗：エケベリア ピンクルルビー〈Ⓐ〉（2号ポット）、セダム
春萌〈Ⓑ〉（1号ポット）、クラッスラ ブロウメアナ〈Ⓒ〉
（2.5号ポット）、ポーチュラカリア 雅楽の舞〈Ⓓ〉（2.5
号ポット）、セダム アクレ アウレウム〈Ⓔ〉（3号ポット）
用土、土入れ、箸、ピンセット、鉢底ネット、
水さし、鉢（2.5号）

動画で見よう

https://youtu.be/z9H6oc3K4aQ

1

株元に枯葉
があったら取
り除く！

鉢底の大きさに合わせ
て、鉢底穴よりも大きめ
に鉢底ネットを切り、鉢底
に敷く。

2

肩

根鉢

下側

ポーチュラカリアを静かにポットか
ら抜き、根鉢の肩と下側をやさしく
取る。全体の⅓くらいになるように。

3

鉢の後ろ側に
寄せて置く！

バランスや向きを見なが
ら植える株を軽く束ね、
株の地上部が鉢の背面に
くるように据える。

4

深さ⅓

位置をずらしながら、深
さ⅓くらいまで用土が入る
ようにする。

5

エケベリアをポットから抜
いて1本ずつ株分けする。
1本選んで根鉢をスリムに
整え、植えやすくする。

6

根鉢

セダム 春萌をポットから
抜いて根鉢をスリムに整
え、植えやすくする。

7

エケベリアとセダム 春萌
を束ねます。

8

束ねたエケベリアとセダム 春萌を、ポーチュラカリアの前に植えます。

9

土入れに用土を入れ、位置をずらしながら、縁から少し下がったところまで、鉢の隙間に用土を足し入れる。

10

箸で突いて鉢の中に隙間ができないように、しっかりと用土を詰める。

11

セダム アクレ アウレウムの苗をポットから抜き、根鉢を⅓くらいまで落としてから小分けにしてまとめる。

12

小分けにした11の苗をピンセットで挟んで植えつける。

13

クラッスラをポットから抜いて1本ずつに分け、根鉢を整理する。分けた苗をピンセットで用土に押し込んで植えつける。

14

鉢底穴から水が出るまで水やりする。

背面

前面の三方向から見て、
見栄えがするように！

13

基本の寄せ植え
2
四方見タイプ

前後左右のどこからでも
きれいに見える植えつけ方です。
中央に植える株はボリューム感があるものに。

どの方向から
見ても
きれいに見える!

用意するもの

苗：グラプトベリア 薄氷〈Ⓐ〉(2号ポット)、セダム ア
クレ アウレウム〈Ⓑ〉(3号ポット)、セダム 黄麗
〈Ⓒ〉(1号ポット)、セダム 乙女心〈Ⓓ〉(2号ポッ
ト)、セダム パリダム〈Ⓔ〉(2.5号ポット)
用土、土入れ、箸、ピンセット、鉢底ネット、
はさみ、水さし、鉢(2.5号)

動画で見よう

https://youtu.be/q_oEP7Vm5GU

1

鉢底の大きさに合わせ
て、鉢底穴よりも大きめ
に鉢底ネットを切り、鉢底
に敷く。

2

根鉢を
スリムに!

根鉢

黄麗の苗を静かにポットから抜き、
根鉢の肩と下側をやさしく取る。
全体の1/3くらいになるように。

3

スリムに!

薄氷の苗をポットから抜
き、1本ずつに株分けする。
根鉢はスリムに整える。

4

乙女心の苗をポットから抜き、1本ずつ
に株分けする。形を揃えるために太い
茎の横に出ている茎をはさみで切る。

5

束ねる!

根がついたまま、3種類の
苗を1本ずつ束ね、花束
のようにまとめる。

6

束ねたまま片手に持ち替
え、株の地上部が鉢の中
心にくるように据える。

14

7

片手で苗を持ったまま、反対側の手で土入れに用土を入れ、位置をずらしながら、鉢の隙間に用土を足し入れる。

8

鉢の中に隙間ができないように、箸で突いてしっかりと用土を詰める。鉢の中央に3種の苗が均等に収まるとよい。

9

このくらいの量が目安

パリダムの苗をポットから抜き、根鉢を⅓くらいまで落としてから小分けにしてまとめる。

10

9の苗をピンセットで挟み、縁側の3ヵ所に植えつける。3つの苗の間に植えるとよい。

11

ここにアクレ アウレウムを入れる！

パリダムが植え終わったところ。パリダムの間にアクレ アウレウムを植えていく。

12

このくらいの量が目安

根鉢

アクレ アウレウムの苗をポットから抜き、根鉢を⅓くらいまで落としてから小分けにしてまとめる。

13

12をピンセットで挟んで、11で印をつけた位置に植えつける。

14

鉢底穴から水が出るまで水やりする。

四方のどこから見てもきれいに！

15

Chapter 2

アイデアいっぱい!
多肉植物の小さな寄せ植え

空き缶や古くなった食器、100円グッズ、苗のポットなど、
身近にある鉢や器をリメイクしてすてきな寄せ植えに。

いろいろな器や鉢に

ワイヤーで作った
フォークとナイフを差す

いろいろな器や鉢に

1
かわいい小さな
ジャム瓶に

ミニサイズのジャム瓶をリユース

How to make

1

用土

ゼオライト

洗ったジャム瓶の底にゼ
オライトを深さ⅓入れ、
上に用土を足し入れる。

2

水を入れてよく練った「固
まる土」を丸く盛り上げる
ように詰める。

3

茎を切って挿し穂状にし
た多肉植物を、ピンセッ
トで差し込んで植える。

使った多肉植物

セダム（**A**オーロラ、**B**
タイトゴメ、**C**パリダム、
Dゴールデンカーペッ
ト、**E**プロリフェラ、**F**黄
金マルバマンネングサ
サ、**G**ミモザ）、クラッス
ラ（**H**紅稚児、**I**リトル
ミッシー）、グラプトペタ
ルム（**J**姫秋麗、**K**ブル
ービーン）

How to make

1

器の底にゼオライト
を少量入れる。

2

土入れなどで用土
を器の縁くらいまで
入れる。

3

安定させるために、
垂れるタイプの多肉
植物から植えつける。

いろいろな器や鉢に

2

ベルカップで
イースター風の卵に

フラワーアレンジメント用の器を使って

ベルノキの果実の
皮を加工した器

使った多肉植物
（右側の器）

Ａセネシオ グリ
ーンネックレス、
Ｂセダム レッドベ
リー、**Ｃ**エケベリ
ア 女雛

いろいろな器や鉢に

3

ホーローの
ミルクパンに

古くなった小鍋を鉢がわりにして

How to make

1

底が見えなくなるく
らいの量のゼオライ
トを入れる。

2

土入れなどで縁くら
いまで用土を足し
入れる。

3

先にエケベリアなど
の大きな株を植え、
隙間を埋めるように
ほかの多肉植物を
植える。

ホーローの
フォルムがかわいい！

使った多肉植物

エケベリア（**Ａ**白牡丹、
Ｂスプリング ジェイド、
Ｃ女雛）、**Ｄ**パキフィツ
ム フーケリー、**Ｅ**グラプ
トペタルム ブルービー
ン、**Ｆ**グラプトベリア ト
ップシーデビー、**Ｇ**オト
ンナ ルビーネックレス、
セダム（**Ｈ**斑入りマルバ
マンネングサ、**Ｉ**ヒスパ
ニカム プルプレア）

17

1

ミルクピッチャーの底にゼオライトを少量入れ、上に用土を足し入れる。

2

茎を切って挿し穂状にした多肉植物を、ピンセットで差し込んで植える。

いろいろな器や鉢に

4

ミルクピッチャーに

普段使いの小さな器を使って

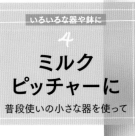

Ⓐ Ⓒ Ⓓ Ⓕ Ⓖ Ⓑ Ⓔ

使った多肉植物

Ⓐエケベリア 女雛、Ⓑクラッスラ 火祭り、セダム（Ⓒオノマンネングサ、Ⓓモリムラマンネングサ、Ⓔメキシコマンネングサ、Ⓕゴールデンカーペット、Ⓖプロリフェラ）

注ぎ口には小さなセダムを植えよう

いろいろな器や鉢に

5

動物をかたどった鉢で

羊や魚など、動物の形の鉢に植えてみよう

1

鉢の底に鉢底穴より大きめに切った鉢底ネットを入れる。

2

用土を器の緑くらいまで入れ、多肉植物を植えつけて箸でよく突いて固定。

使った多肉植物

Ⓐセダム 白雪ミセバヤ、Ⓑエキヌス碧魚連

Ⓐ Ⓑ

モコモコした羊をイメージした多肉植物を

いろいろな器や鉢に

タブレット缶で
おいしそうに

カラフルな多肉植物でキャンディーみたいに

ワイヤーの
突っ張り棒がポイント！

How to make

1

底が隠れる程度にゼオラ
イトを敷き、固まる土を
縁の下まで平らに詰める。

2

ピンセットで挿し穂状に
切った多肉植物を差し
込み、縁から植えていく。

約10cmのワイヤーをL字
形に曲げ、端に差し込ん
で蓋を固定する。

使った多肉植物

クラッスラ（Ａ紅稚児、
Ｂブロウメアナ、Ｃリト
ルミッシー）、Ｄグラプ
トペタルム 姫秋麗、Ｅ
グラプトセダム ブロン
ズ姫、セダム（Ｆダシフ
ィルム、Ｇヒスパニカム
プルプレア、Ｈレッドベ
リー、Ｉアクレ アウレウ
ム）

19

木の枝を
くりぬいて

彫刻刀で中に穴を彫って器に

固まる土を詰めて
童話の世界を表現

How to make

1

太さ約5cm、長さ7〜8cm
に切った木の枝を彫刻
刀で浅くくり抜く。

2

水を入れてよく練った「固
まる土」を丸く盛り上げる
ように詰める。

3

茎を切って挿し穂状にし
た多肉植物を、ピンセッ
トで差し込んで植える。

使った多肉植物

セダム（Ⓐアクレ
アウレウム、Ⓑモリ
ムラマンネング
サ、Ⓒメキシコマ
ンネングサ、Ⓓマ
ルバマンネング
サ）、Ⓔクラッスラ
リトルミッシー

使った多肉植物

エケベリア（**A**ピーチプリデ、**B**野バラの精）、**C**パキベリア 霜の朝、**D**セネシオ グリーンネックレス、セダム（**E**リトルビューティー、**F**ゴールデンカーペット、**G**モリムラマンネングサ、**H**オノマンネングサ）

器のイメージに
合わせて華やかに

いろいろな器や鉢に

8

カフェオレボウルを使って

お気に入りの食器を鉢がわりに

How to make

1
器の底にゼオライトを少量入れる。量は器の大きさに合わせて加減する。

2
用土を器の縁くらいまで入れ、大きなものから順に多肉植物を植えつける。

いろいろな器や鉢に

9

コーヒーメジャースプーンに

底が平らな形が、土も入りやすい。

いくつか並べて
飾るのがおすすめ

How to make

1
土入れなどで縁くらいまで用土を入れる。

2
先にエケベリアなどの大きな株を植え、隙間を埋めるようにほかの多肉植物を植える。

使った多肉植物
（右手前）

Aエケベリア マッコス、セダム（**B**ゴールデンカーペット、**C**パリダム、**D**乙女心、**E**プロリフェラ、**F**モリムラマンネングサ）

10

紅茶の缶で
タルト風に

丸い缶にリボンを結んで手軽に

1 缶の底に太めのくぎで3つ穴をあけ、側面に両面テープを貼ってリボンを結ぶ。

2 缶の中に用土を入れ、ピンセットで挿し穂状の苗を植えつける。

3 ワイヤーをU字に曲げたピンを刺してスパニッシュモスを留め、木の実を差す。

使った多肉植物
セダム（🅐レッドベリー、🅑プロリフェラ）、🅒エケベリア群月花

お皿とスプーンを添えたら雰囲気が出る

11

豆鉢で
盆栽風に

小さな盆栽用の鉢を使って

鉢に用土を縁くらいまで入れ、先に大きな苗を植えてから、小さな苗をピンセットで差すように植えつける。

使った多肉植物
セダム（🅐プラエアルツム、🅑モリムラマンネングサ）

3cmくらいの小さな鉢がかわいい

How to make

1

急須の底が見えなくなるくらいの深さにゼオライトを入れる。

2

1の中に用土を縁の下まで入れて、まず大きな株3つを植え、次にピンセットで挿し穂状の苗を植えていく。

使った多肉植物

❶エケベリア エレガンス、❷グラプトセダム 秋麗、セダム（❸春萌、❹マルバマンネングサ、❺パリダム、❻黄金マルバマンネングサ）

いろいろな器や鉢に

12

古い急須で和モダンに

余分な水分は注ぎ口から捨てられる

水分調節がラクラクできる！

23

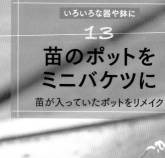

13

苗のポットを ミニバケツに

苗が入っていたポットをリメイク

カラフルな色で
たくさん作りたい！

How to make

1
苗が入っていたプラスチック製ポットと爪楊枝、ワイヤーを用意する。

2
ポットに好きな色を塗り、スポンジに塗料をつけてユーズド加工とステンシルをする。

3
ワイヤーを12cmくらいに切り、中央部を爪楊枝にぐるぐる巻きつける。

4
3の爪楊枝を抜いて、両端を内側に曲げる。

5
2のポットが乾いたら左右の上部に穴をあけ、4の両端を差し込む。用土を入れて多肉植物を植える。

使った多肉植物

セダム（**A**アクレ アウレウム、**B**パープルヘイズ、**C**ダシフィルム、**D**ゴールデンカーペット、**E**黄金マルバマンネングサ、**F**パリダム）、**G**クラッスラ 紅稚児、**H**エケベリア 女雛

How to make

1

1号と3号のプラスチック製ポットの底を合わせ、中央をワイヤーで固定する。

2

左右対称の位置に3〜4cm間隔をあけて上下2ヵ所にきりなどで穴をあける。

3

太さ3mmのワイヤーを曲げた取っ手を、太さ1mmのワイヤーで2の穴に留める。

4

ポットの内側で太さ1mmのワイヤーを開いて取っ手を固定する。好きな色を塗って、乾いたら多肉植物を植えつける。

使った多肉植物

Ⓐセネシオ グリーンネックレス、Ⓑオロスタキス 子持ち蓮華、Ⓒセダム リトルゼム、Ⓓグラプトベリア デビーシルク、Ⓔクラッスラ 小米星、Ⓕオスクラリア 琴爪菊

いろいろな器や鉢に

14

小さな トロフィーカップ

2種類のポットを組み合わせて

ステッカーを貼ったり、ステンシルを加えても

25

細長いアルミの
ペン入れを
ユーズド加工して

使った多肉植物

セダム（Ⓐアクレ アウレウム、Ⓑオーロラ、Ⓒ乙女心、Ⓓ春萌）、Ⓔセデベリア レティジア、グラプトセダム（Ⓕ秋麗、Ⓖリトルビューティー）、Ⓗグラプトペタルム だるま秋麗、Ⓘパキフィツム グラウクム

How to make

1

シーラーで下塗りしてから茶色のアクリル絵の具で塗り、乾いたら濃い茶色をスポンジでたたくようにして塗る。

2

1が乾いたら太いくぎで底に水抜き用の穴をあける。

3

茎を切って挿し穂状にした多肉植物を、ピンセットで差し込んで植える。

26

How to make

1

容器の底に少量の
ゼオライトを入れる。

2

1の上から用土を足
し入れ、ピンセット
で多肉植物を植え
つける。

ミニボトルや
ワイングラスを使っても

100円グッズを使って

2
キャンディ入れの
テラリウム

透明なキャニスターを窓辺に置いて

使った多肉植物

🅐オロスタキス 子持ち蓮華、🅑コチレ
ドン ゴルビュー、セダム（🅒プロリフェ
ラ、🅓レッドベリー、🅔ブレビフォリウ
ム）、🅕クラッスラ 紅稚児

100円グッズを使って

3
四角い缶を
プレゼント風に

両面テープでリボンを留めてキュートに

パステルカラーの
リボンがポイント！

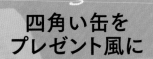

How to make

1

100円グッズの四角
い缶の底に太いくぎ
で水抜き用の穴を
あける。

2

サテンのリボンに両
面テープを貼り、缶
の蓋の中央へ十字
に貼りつける。

3

2の上に蝶結び
したリボンを貼
りつける。1の缶
に用土を入れ、
カラフルに苗を
植える。

使った多肉植物

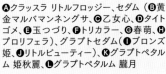

🅐クラッスラ リトルフロッジー、セダム（🅑黄
金マルバマンネングサ、🅒乙女心、🅓タイト
ゴメ、🅔玉つづり、🅕トリカラー、🅖春萌、🅗
プロリフェラ）、グラプトセダム（🅘ブロンズ
姫、🅙リトルビューティー）、🅚グラプトペタル
ム 姫秋麗、🅛グラプトペタルム 朧月

How to make

1

2

100円グッズを使って

4

排水溝バスケットの小さな鉢

塗料を塗るだけで、取っ手つきの鉢に変身

グレーでラフに塗り、スポンジで茶色をたたくように塗る

100円グッズの取っ手つき排水溝ゴミ受けをシーラーで下塗りし、乾いたらグレーのアクリル絵の具を塗ってからスポンジで茶色をたたくように塗る。

1の塗料が乾いたら、中に用土を縁の近くまで入れる。

3

茎を切って挿し穂状にした多肉植物を、ピンセットで差し込んで植える。

使った多肉植物

エケベリア（Ⓐデリービーン、Ⓑ女雛）、Ⓒクラッスラ 火祭り、セダム（Ⓓ乙女心、Ⓔ玉つづり、Ⓕ虹の玉、Ⓖパリダム、Ⓗプロリフェラ、Ⓘゴールデンカーペット）、セデベリア（Ⓙ群月花、Ⓚホワイトストーンクロップ）、グラプトセダム（Ⓛ秋麗、Ⓜブロンズ姫）、Ⓝグラプトベリア ピンクルルビー、グラプトペタルム（Ⓞ姫秋麗、Ⓟブルービーン）、Ⓠパキフィツム グラウクム

How to make

1

100円グッズを使って

5

ミニざるのハンギングバスケット

黒く塗ってビニールとココヤシファイバーを敷く

直径約10㎝のミニざるにシーラーで下塗りし、乾いてから黒いアクリル絵の具で塗る。

使った多肉植物

Ⓐオトンナ ルビーネックレス、Ⓑクラッスラ ブロウメアナ、Ⓒグラプトペタルム 朧月

ワイヤーは、植物になじむ緑色で！

2

3

緑色のコーティングワイヤーを50㎝に3本切り、1の縁に3ヵ所結んで3本束ね、先端をねじって輪を作る。

1の内側にココヤシファイバーを敷く。箸で穴をあけたビニールを敷いて用土を入れ、多肉植物を植える。

100円グッズを使って

6
木製トレイを 壁掛けに
取っ手パーツと木の板を取りつけるだけ

取っ手や板の色を
変えて作ってみよう！

使った多肉植物
Aエケベリア 紅日傘、**B**クラッスラ テトラゴナ、**C**グラプトベリア 白牡丹、**D**セネシオ グリーンネックレス、セダム（**E**オノマンネングサ、**F**ドラゴンズブラッド、**G**トリカラー、**H**プロリフェラ、**I**ミルキーウェイ、**J**銘月、**K**レフレクサム）、セデベリア（**L**マッコス、**M**群月花）、**N**パキフィツム フーケリー、**O**ベルグランサス 照波

How to make

1

100円グッズの木製トレイの幅に合わせ、高さ約5cmに板を切る。表面を好きな色に塗り、板の中心にネジで取っ手を取りつける。

2

木製トレイの下側に1の板を合わせて、L字金具をネジで固定して左右から留めつける。

3

用土を入れて多肉植物を植え、箸で突いて隙間ができないようにする。

1

バスケットの底の形に合わせて鉢底ネットを切って敷く。

2

セダムの苗を小分けにして、1の側面からセダムが出るように外側に向けて植える。

3

側面をぐるっとセダムで囲むように植えたら、中央の凹みに用土を入れる。

ワイヤーバスケットの箱庭

バスケットにセダムを植えておうちを飾る

4

木の枝を切って切り株とおうちを作る。屋根は1号鉢をかぶせてワイヤーとマスキングテープで作った旗を差す。

5

3にピンセットで多肉植物を植え、4のパーツを配置する。

セダムを外側に向けてモリモリに植えよう!

使った多肉植物

Aエケベリア グスト、クラッスラ（**B**紅稚児、**C**姫緑、**D**フンベルティー）、**E**グラプトセダム秋麗、セダム（**F**オノマンネングサ、**G**ダシフィルム、**H**ドラゴンズブラッド、**I**黄金マルバマンネングサ、**J**モリムラマンネングサ、**K**斑入りマルバマンネングサ、**L**レッドベリー）

ラタンの隙間にも水ゴケを詰めるのがコツ！

使った多肉植物
🅐エケベリア ピーチプリデ、🅑クラッスラ 火祭り、セダム（🅒黄金マルバマンネングサ、🅓ドラゴンズブラッド、🅔ツルマンネングサ、🅕メキシコマンネングサ）、🅖グラプトセダム 秋麗、🅗グラプトベリア 薄氷、🅘グラプトペタルムだるま秋麗

100円グッズを使って
8
ラタンボールで多肉のモビール
水ゴケを中に詰め込んで植物をぎゅっと差す

How to make

1

100円グッズのラタンボールにつり下げ用の麻ひもをつけ、先端を結ぶ。

2

水ゴケを水に浸してよく湿らせ、余分な水気を絞ってから1の中にピンセットで詰め込む。

3

茎を長めに切った多肉植物の挿し穂をラタンボールの穴に深く差し込む。安定させるために茎の周りに水ゴケを詰める。

How to make

1

100円グッズのプリンカップの底と側面にきりなどで穴をあけ、ワイヤーを曲げた取っ手をつける。シーラーで下塗り後、アクリル絵の具をスポンジで塗る。

2

塗料が乾いたらスプーンで縁くらいまで用土を入れ、ピンセットで挿し穂状の多肉植物を植える。

使った多肉植物
🅐クラッスラ 紅稚児、セダム（🅑乙女心、🅒オノマンネングサ、🅓ゴールデンカーペット、🅔タイトゴメ、🅕ダシフィルム）

100円グッズを使って
9
プリンカップをミルク缶に
ワイヤーで取っ手を作り、サビっぽくペイント

爪楊枝に塗料をつけて文字を書くとNice！

31

中に穴をあけた
ビニールを敷いて

How to make

1

バスケットの大きさにビニールを切
り、箸で数ヵ所刺して穴をあける。

2

1を敷いたバスケットに用土を入れ、
大きな株からピンセットで挿し穂状
の苗を植える。

使った多肉植物

Ⓐエケベリア 女雛、Ⓑ
クラッスラ 紅稚児、セ
ダム（Ⓒ乙女心、Ⓓ虹
の玉、Ⓔゴールデンカ
ーペット、Ⓕパリダム）

100円グッズを使って

11
ミニじょうごの ガーデンピック

固まる土と木の枝、ワイヤーでできる

プライマーで
下塗り後、
ペンキで
仕上げる

使った多肉植物
エケベリア（Ⓐパールフォンニュルンベルグ、Ⓑ女雛、Ⓒリラシナ）、Ⓓクラッスラ ワテルメイエリー、Ⓔグラプトペタルム 朧月、Ⓕグラプトベリア 白牡丹、グラプトセダムⒼ秋麗、Ⓗリトルビューティー）、セダム（Ⓘ乙女心、Ⓙ虹の玉、Ⓚ春萌、Ⓛ黄金マルバマンネングサ）

How to make

1

太さ1.5mmと太さ1mmのワイヤー、100円グッズのミニじょうご、木の枝を用意。

2

ミニじょうごにプライマーで下塗りし、乾いたらペンキで黒や茶色に塗る。木の枝は白く塗る。

3

固まる土は適量の水で練り、2のミニじょうごにしっかり詰める。

4

先にエケベリアなどの大きな苗を植え、隙間を埋めるように小さな苗を植える。

5

太いワイヤーで作ったモチーフを細いワイヤーでつなぎ、4に差す。2で塗った枝を差し込んで完成。

33

1
フルーツ缶を
塗って紙を貼る

缶の底に穴をあけて、手軽な鉢代わりに

シーラーで下塗りし、
アクリル絵の具で塗る

使った多肉植物

Ⓐエケベリア 雪影、カランコエ（Ⓑ胡蝶の舞、Ⓒ不死鳥）、Ⓓクラッスラ火祭り、Ⓔグラプトベリア パープルデライト、セダム（Ⓕ玉葉、Ⓖパリダム）、Ⓗセネシオ グリーンネックレス

How to make

1

フルーツ缶の底に太いくぎで穴をあけ、シーラーで下塗りして、乾いてからアクリル絵の具を塗る。雑誌を切って木工用接着剤で貼り、多肉植物を植える。

2

用土を足し、缶の縁近くまで隙間なく用土を詰める。

3

垂れ下がる多肉植物は、5〜6cmのフローラルワイヤーを曲げて作ったU字ピンを差し込んで固定する。

How to make

1

ツナ缶の底に太いくぎで穴をあけ、シーラーで下塗りして乾かしてからアクリル絵の具を塗る。多肉植物を植えて小石と砂利で飾る。

2

小枝と木の小片にフローラルワイヤーをかけ、裏側でねじって固定し、ピックを作って差す。

空き缶をリメイクして

2

ツナ缶の
ドライガーデン

小石や砂利でメキシコの大地を演出

木の枝でピックを作ると楽しい雰囲気に

使った多肉植物
クラッスラ（Ａエリコイデス、Ｂテトラゴナ）、Ｃセンペルビウム交配種、Ｄハオルチア宝草

空き缶をリメイクして

3

スパム缶の
形を生かして

ユニークな形を塗装でイメージチェンジ

How to make

1 スパム缶の底に太いくぎなどで穴をあける。

2 シーラーで下塗りし、乾いてからグレーのアクリル絵の具を塗る。茶色のアクリル絵の具をスポンジで軽く塗る。乾いたら用土を入れて多肉植物を植える。

茶系の塗料をスポンジで塗る。シールを貼るとすてき

使った多肉植物
クラッスラ（Ａ小米星、Ｂデイビッド）、セダム（Ｃ黄麗、Ｄ虹の玉）

2種類の缶で
北欧風ティーセット

ペイントした缶に木製のパーツをネジでつける

使った多肉植物

Ⓐエケベリア ピンクルルビー、
Ⓑコチレドン 福だるま、セダム
（Ⓒゴールデンカーペット、Ⓓヒ
スパニカム プルプレア）

How to make

1

サバ缶の底に太いくぎで穴
を数個あけ、シーラーで下
塗りして乾いてからアクリル
絵の具で塗る。木で取っ手
を作り、缶の内側からネジ
で留める。

2

木部に水性のつやだしニ
スを塗る。

3

2が乾いたら用土を入れ、
多肉植物を植えつける。セ
ダムはピンセットで植える。

4

トマトの水煮缶も同様にリ
メイクし、多肉植物を植え
つけてセットで飾る。

トマト缶とサバ缶が、
ティーポットとマグカップに

Ⓑ

Ⓒ

Ⓐ

Ⓓ

空き缶をリメイクして

5

ツナ缶とワイヤーの鳥かご

缶の底に穴をあけてワイヤーを取りつける

How to make

1

ツナ缶と太さ1mmのワイヤーと1.5mmのワイヤーを用意。

2

缶の底に水抜き用の穴をあける。側面の縁の下にきりで4ヵ所、均等な位置に穴をあける。

3

長さ30cmに切った太さ1.5mmのワイヤーを側面の穴に内側から入れ外側に約5cm出し、先端をくるっと丸める。縁のすぐ上で太さ1mmのワイヤーをぐるぐる巻きつけ、内側でねじって固定する。

4

3のワイヤーの端を円の反対側の穴に内側から通し、同様に先端を5cm出して丸め、細いワイヤーで固定する。もう1組の穴にも同様にワイヤーを固定し、交差するところに先端を丸めたワイヤーを取りつける。中央につるすところを作る。

くるっと曲げたワイヤーを組み立てる

5

4にシーラーを下塗りし、乾いてからアクリル絵の具を塗る。ワイヤーも同様に塗る。

6

5が乾いたら土入れなどで用土を入れ、多肉植物を植えつける。

使った多肉植物

Aエキヌス 碧魚連、**B**クラッスラ 小米星、**C**コチレドン ペンデンス、セダム（**D**黄金マルバマンネングサ、**E**クラバツム、**F**ゴールデンカーペット、**G**虹の玉）

北欧風の
妖精のおうち

つり下げられるワイヤーの屋根つき

6

使った多肉植物

Aエケベリア フロスティー、クラッスラ(**B**ブロウメアナ、**C**ボルゲンシー錦、**D**ワテルメイエリー)、セダム (**E**乙女心、**F**オノマンネングサ、**G**カメレオン錦、**H**ゴールデンカーペット、**I**玉つづり、**J**ミルキーウェイ、**K**パルメリ、**L**ヒスパニカム)、**M**セネシオ グリーンネックレス

窓やドアを
ワイヤーで作るのが
ポイント!

How to make

1

小型のコーン缶の底に水抜き穴を3つあける。側面の縁の下にきりで均等な間隔に3つ穴をあけ、25cmに切った太さ1mmのコーティングワイヤーをねじって留める。

2

端をここに巻きつける

1で取りつけた3本のワイヤーを束ね、やや大きめの輪を作る。ワイヤーの端は輪のすぐ下にぐるぐる巻きつけて固定する。

3

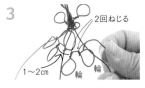

2回ねじる

1～2cm　輪

約400cmのコーティングワイヤーを2で端を巻きつけた上にねじって固定。1～2cmおきに2回ねじって直径約1cmの輪を作り、1段ごとに輪を増やして5～7周巻きつける。

4

缶の部分にシーラーで下塗りし、乾いてからアクリル絵の具で塗る。太さ1mmのコーティングワイヤーで窓を作り、側面にきりで穴をあけて取りつける。

5

屋根の部分のワイヤーの端は、1で取りつけたワイヤーに沿うようにねじって留める。

6

用土を入れ、茎を切って挿し穂状にした多肉植物をピンセットで差し込んで植える。

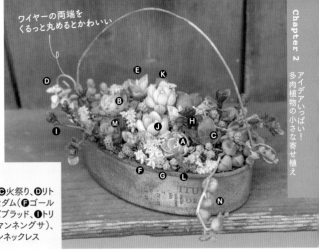

ワイヤーの両端を
くるっと丸めるとかわいい

7
楕円形の缶を
バスケット風に

缶の形を生かして持ち手をつける

使った多肉植物

エケベリア（**A**七福神、**B**女雛）、クラッスラ（**C**火祭り、**D**リトルフロッジー）、**E**グラプトペタルム 朧月、セダム（**F**ゴールデンカーペット、**G**ダシフィルム、**H**ドラゴンズブラッド、**I**トリカラー、**J**春萌、**K**プロリフェラ、**L**モリムラマンネングサ）、**M**セデベリア レティジア、**N**セネシオ グリーンネックレス

How to make

1
楕円形のいわしの煮つけ缶を用意し、両端の側面の縁の下にきりで穴をあける。缶の底にも太いくぎなどで水抜き用の穴をあけておく。

ぐるぐる
巻きつける
ゆったりと
アーチ形に

2
太さ1.5mmのコーティングワイヤーを缶の内側から約5cm差し込んで折り曲げ、縁の上で長さ5cmに切ったワイヤーをぐるぐる巻きつけて固定する。

3
缶の反対側の端も同様に固定し、ワイヤーの端をくるっと丸める。全体にシーラーで下塗りし、乾いてからアクリル絵の具で塗る。用土を入れて多肉植物を植えつける。

8
漆喰風塗料で
シックに

落ち着いた淡い色で質感が浮き出す

同じ色調の多肉植物を
集めるとすてき！

How to make

1
トマト缶の底に太いくぎなどで水抜き用の穴をあける。シーラーで下塗りし、乾いたら漆喰風塗料を塗る。

PINK

2
1が乾いたら上からラフにアクリル絵の具を塗る。文字を書いたり、ステンシルをすると、さらにすてきに。

3
土入れなどで縁くらいまで用土を入れる。先に大きな苗を植え、ピンセットで隙間を埋めるように挿し穂状にした苗を植える。

使った多肉植物

Aエケベリア フロスティー、**B**カランコエ 白兎、クラッスラ（**C**茜の塔錦、**D**ムスコーサ、**E**リトルミッシー、**F**ワテルメイエリー）、**G**グラプトペタルム 姫秋麗、**H**コチレドン 福だるま、セダム（**I**オーロラ、**J**オノマンネングサ、**K**春萌、**L**プロリフェラ、**M**ミルクッジ）、セデベリア（**N**群月花、**O**スノージェイド）、**P**セネシオ マサイの矢尻、**Q**パキフィツム 月美人、パキベリア（**R**霜の朝、**S**立田）、**T**ポーチュラカリア ウェルデルマニー

GREEN
PINK

How to make

1

缶の底に太いくぎで水抜き用の穴をあける。

板と空き缶で
ジャンクな壁掛け

豆やコーンの缶をつぶして板に取りつける

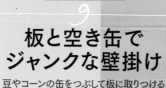

2

1の缶の側面をハンマーでたたき、やや平べったい形につぶす。シーラーで下塗りしてからコンクリート風塗料で塗る。

3

木の板を用意し、2の缶を内側からビスで固定する。板の上側に2つ穴をあけ、太いワイヤーを通してフックにする。缶に用土を入れて多肉植物を植える。

使った多肉植物

Ⓐクラッスラ レモータ、Ⓑグラプトセダム 秋麗、セダム（Ⓒカメレオン錦、Ⓓ玉葉）

サビっぽい塗装とフックがいい感じ

カラフルな
ウエルカムサイン

いろいろな大きさの缶を板に固定する

使った多肉植物

Ⓐアエオニウム 愛染錦、Ⓑカランコエ 月兎耳、Ⓒクラッスラ テトラゴナ、セダム（Ⓓカメレオン錦、Ⓔ虹の玉、Ⓕ銘月）、Ⓖパキフィツム 月美人

リズミカルに配置して躍動感を演出しよう

How to make

1

大きさが異なる缶を7つ用意し、それぞれにシーラーで下塗りしてからアクリル絵の具で塗る。缶の底に太いくぎで水抜き用の穴をあける。

2

1を並べてうまく収まる大きさの木の板を用意し、缶の内側からビスで留めつける。一直線に並ばないように、リズミカルに配置する。

3

前面に字を書き、乾いたら用土を入れて多肉植物を植えつける。

11
デコパージュの
カップ＆ソーサー

サバ缶が取っ手とお皿で北欧風になる

使った多肉植物
Ⓐカランコエ 白兎、
Ⓑプレクトランサス ア
ロマティカス

100円グッズの
ペーパーナプキンで！

Ⓐ

How to make

1 サバ缶の底に水抜き用の穴をあけ、白いペンキで下塗りする。乾いたらオールマイティータイプのデコパージュ液で塗る。

2 ペーパーナプキンは2〜3枚の紙が1組になっているため、裏側をはがして表側の1枚にする。缶の高さに合わせて切り、側面に貼りつける。

3 2の上からオールマイティータイプのデコパージュ液で仕上げ塗りする。

4 3が乾いたらきりで側面に1列2ヵ所の穴をあける。

5 太さ3mmのワイヤーをU字形に曲げ、4の穴に端をそれぞれ差し込み、ペンチなどで内側に曲げて固定する。

6 土入れなどで縁くらいまで用土を入れる。苗を植え、表面にスプーンなどで砂利を敷き詰める。下に100円グッズのプラスチック皿を敷く。

Ⓑ

12
缶の蓋で
調味料トレイ風

蚊取り線香の蓋とコーン缶を組み合わせて

ワイヤー製のフックで、つるしても飾れる!

使った多肉植物

Ⓐオトンナ ルビーネックレス、Ⓑセダム 玉つづり、Ⓒセネシオ グリーンネックレス

How to make

1
蚊取り線香の缶の蓋の中央にきりで穴をあけ、太さ2mmのワイヤー約70cmの両端を約5cm差し込む。先端は大きくねじって留め、抜けないようにする。

丸くする

2
1を裏返してワイヤーの先に直径3〜4cmの輪を作り、太さ2mmのワイヤーで輪の下から缶の蓋までの間にぐるぐる巻きつける。

穴あけ位置

3
2の上に均等な位置で3ヵ所、穴を2つずつきりなどであけ、トマト缶の底にも同じ幅の大きめの穴を2つずつあける。2mmのワイヤーを穴に通してねじり、トマト缶と2を固定する。

4
3にシーラーで下塗りをし、乾いたらアクリル絵の具を塗る。塗料が乾いたら用土を入れて多肉植物の苗を植える。

How to make

1

左右は平材が
少しはみ出る

あえてラフな
感じに

ベニヤ板を3cm×9cmに切り、幅2cmの木の平材を3～4cmに5枚切って木工用接着剤で貼りつける。平材は長さを揃えないほうがかわいい。

2

接着剤が乾いたらベニヤ板側を上にして置き、ビスでL字金具を留めつける。

3

2の平材側はアクリル絵の具で古い板屋根っぽく塗り、ベニヤ板側はこげ茶色に塗る。L字金具を少し内側に折り曲げる。

4

スパム缶の底に太いくぎなどで水抜き穴をあける。側面にシーラーで下塗りをして乾いたらアクリル絵の具で塗り、窓やドアを描く。乾いたら用土を入れて多肉植物を植え、木の枝の煙突と3を手前に差し込む。

13

スパム缶で草屋根のおうち

板屋根パーツと木の枝の煙突を差して

使った多肉植物
Aクラッスラ 不死鳥、セダム（**B**オノマンネングサ、**C**メキシコマンネングサ、**D**モリムラマンネングサ）

板屋根は
ラフな感じに
するのがポイント

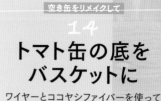

14
トマト缶の底を
バスケットに

ワイヤーとココヤシファイバーを使って

シーラーで
下塗りしてから
アクリル絵の具で塗る

使った多肉植物

エケベリア（**A**女雛・**B**ピ
ンクルビー、**C**トップシ
ーダービー）、**D**カランコ
エ 福兎耳、クラッスラ（**E**
レモータ、**F**ワテルメイエリ
ー）、グラプトセダム（**G**秋
麗、**H**ブロンズ姫、**I**リトル
ビューティー）、**J**コチレド
ン ペンデンス、セダム（**K**
オノマンネングサ、**L**虹の
玉、**M**ヒスパニカム プルプ
レア、**N**斑入りマルバマン
ネングサ、**O**リトルジェ
ム）、**P**セデベリア スノー
ジェイド、**Q**セネシオ グリ
ーンネックレス

How to make

1

ここで切る

トマト缶の底を、側面の厚みが
ある立ち上がりをつけて缶切りな
どで切る。

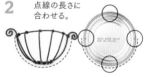

2

点線の長さに
合わせる。

1の外側を上にして置き、上に2
ヵ所、左右と下に1ヵ所ずつ穴を
あける。点線の長さに合わせて
太さ1.5mmのワイヤーを曲げ、写
真を参考にしてバスケットを作る。

3

太さ1mmのワイヤーを2の缶の底
の上の2つの穴に差し込んで留
め、つり下げるフックを作る。左
右と下の穴にもワイヤーでバスケ
ットを固定する。

4

3の全体にシー
ラーで下塗り
し、乾いてから
アクリル絵の具
で塗る。塗料
が乾いたらシー
ルを貼る。

5

4のバスケットの内側にココヤシ
ファイバーをマット状に敷き、用
土を隙間なく入れる。

6

片手で押さえながら、ピンセット
で挿し穂状にした多肉植物を植
えつける。

How to make

1

片方の端を斜めに切る

太さ1.5cm、長さ6〜7cmの木の丸棒材を、片端だけ斜めに切る。サバ缶の縁をペンチなどでつぶし、シーラーで下塗りして乾かす。ビスを用意する。

2

コピー用紙を切り抜いてステンシルの型紙を作る。1の缶をアクリル絵の具で塗り、乾いてから筆で型紙の上からたたくように模様をつける。

3

2の塗料が乾いたら、缶の内側からきりで取っ手を固定するための穴をあける。

4

3の内側からビスをドライバーでねじ込み、1の取っ手を取りつける。

5

水性ニスをはけにつけて木部に塗る。

6

5の水性ニスが乾いたら、太いくぎで缶の底に水抜き穴をあける。用土を入れて多肉植物を植える。

空き缶をリメイクして

15

さば缶のカラフルなお鍋

パーツを変えてミルクパンやシチュー鍋に

使った多肉植物

エケベリア（**A**パールフォンニュルンベルグ、**B**ピーチプリデ）、クラッスラ（**C**ゴーラム、**D**火祭り、**E**リトルミッシー）、**F**グラプトセダム ブロンズ姫、セダム（**G**オノマンネングサ、**H**ミルキーウェイ）、**I**セデベリア マッコス

北欧調の色や柄をペイントするとセンスアップ！

側面を
スパニッシュモスで
カバーして

使った多肉植物
Ⓐクラッスラ 火祭り、
Ⓑグラプトセダム 秋
麗、Ⓒグラプトペタルム
朧月、セダム（Ⓓ乙女
心、Ⓔテトラ）

1
チキンネットを
丸めたリース

水ゴケと用土をラップサンド状の土台に

How to make

1

10cm×25cmに切ったチ
キンネット、水で湿らせ
た水ごけ、太さ1mmのコ
ーティングワイヤー、26
番のフローラルワイヤー、
スパニッシュモスを用意。

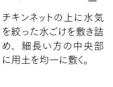

2

チキンネットの上に水気
を絞った水ごけを敷き詰
め、細長い方の中央部
に用土を均一に敷く。

3

海苔巻きの太巻きを作
る要領で、チキンネット
を上下から合わせる。

4

コーティングワイヤーで
ネットの端と端が少し重
なるように、網目をすく
いながら綴じる。

5

4をぐるっと丸めて輪に
し、コーティングワイヤ
ーで網目をすくってリー
ス状に仕上げる。

6

5の前面に箸で穴をあ
け、茎を切って挿し穂
状にした多肉植物を差
し込んで植える。

7

側面をスパニッシュモス
で覆う。

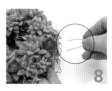

8

フローラルワイヤーを6
〜7cmに切ってU字ピン
を作り、7のスパニッシュ
モスを固定する。

2

つるのリース台で
小さな鳥の巣

ツナ缶とココヤシファイバーを利用して

使った多肉植物

Ⓐセネシオ エンジェルティアーズ、セダム（Ⓑアクレ アウレウム、Ⓒオーロラ、Ⓓスプリングワンダー）

How to make

1	**2** 	**3** 	**4** 
小さめのつるのリース台、ツナの空き缶、ココヤシファイバー、飾り用の卵を用意。	リース台のつるを軽くほぐしてふんわりと丸めた状態にする。	ココヤシファイバーをマット状に広げて2の中に敷く。	缶の底にくぎなどで穴をあけ、用土を缶の縁くらいまで入れる。多肉植物を植えつけて3の中に入れ、卵を飾る。

3

苗ポットで
リース形ハンギング

プラポットを再利用したかわいいつり鉢

使った多肉植物

コチレドン（Ⓐゴルビュー、Ⓑペンデンス）、Ⓒセネシオ グリーンネックレス、Ⓓセダム 松の緑

How to make

1 	**2** 
苗が入っていたプラポットを底から約3cmのところでぐるっと切る。	1の側面に両面テープを貼って麻テープを1周、貼りつける。
3 	**4** 
2の底穴にフローラルワイヤーを通し、つるをゆるめて1ヵ所が幅広くなるように整えたリース台にくくりつける。	適量の水で練った固まる土をポットに詰め、挿し穂状の多肉植物を植える。麻ひもでつり下げる。

welcome

o our

1
幅4cm厚さ3cmの角材を11cmに4本切ってアクリル絵の具で好きな色を塗り、15cm×15cmのベニヤ板に背面からビスで固定する。

2
市販の3パック1組の豆腐パックを洗って乾かし、縁から5mm下を切る。

3
水を適量入れてよく練った固まる土を2の縁まで詰める。

4
茎を切って挿し穂状にした多肉植物を、ピンセットで差し込んで植える。

5
植え終わった4を1の中心にピンセットではめ込む。何個か作れば入れ替えできる。

アイデアとDIYで変身
4
角材と豆腐パックのフレーム
ベニヤ板に角材をビスで留めるだけ

豆腐パックに固まる土で植えてはめ込む

使った多肉植物

エケベリア(Ⓐトップシータービー、Ⓑ七福神、Ⓒピンクルルビー)、クラッスラ(Ⓓデイビッド、Ⓔ火祭り)、Ⓕグラプトセダム ブロンズ姫、Ⓖグラプトペタルム だるま秋麗、Ⓗグラプトベリア 薄氷、セダム(Ⓘ黄麗、Ⓙ乙女心、Ⓚオノマンネングサ、Ⓛカメレオン錦、Ⓜタイトゴメ、Ⓝ黄金マルバマンネングサ、Ⓞマジョール、Ⓟモリムラマンネングサ)、Ⓠセネシオ グリーンネックレス

5
ワイヤーと麻ひもの
ミニリース

フローラルテープでワイヤーを巻いてベースに

麻ひもで
挿し穂を巻いて
ベースに縛る

使った多肉植物

クラッスラ（**A**紅稚児、**B**レモータ）、セダム（**C**アクレ アウレウム、**D**オーロラ、**E**黄金マルバマンネングサ、**F**トリカラー、**G**虹の玉、**H**パリダム、**I**斑入りマルバマンネングサ）

How to make

1　麻ひもとフローラルテープを用意。太さ3mmのワイヤー約18cmを直径約5cmの輪にする。

2　フローラルテープを伸ばしながら**1**のワイヤーに巻きつける。

3　麻ひもの端を約10cm残して**2**のリングに結ぶ。

4　多肉植物は2～3cmに切り、挿し穂状にそろえておく。

5　**4**の茎を**3**の麻ひもで巻きつけ、1本ずつ麻ひもを巻いて固定していく。

6　一列に並ばないように位置を左右にずらして挿し穂を麻ひもで巻き、固定する。

7　カラフルになるように色を考えながら、麻ひもで巻いていく。

8　1周したら残しておいた麻ひもと結び、つり下げる輪を作る。水やりは小さな皿に水をためて浸す。

Chapter 3

アレンジや寄せ植えに使いたい！
かわいい多肉植物図鑑

育てやすくてアレンジや寄せ植えに適し、
小さな鉢や器で楽しむのにおすすめの多肉植物をご紹介します。

［図鑑の見方］

属ごとにグループ分けし、
あいうえお順に掲載してあります。
栽培は、関東以西の平野部を
基準にしています。

品種名と読み方

品種の特徴と
栽培上のヒントを説明。

主なふやし方を表示。

属名　　　科名

| アエオニウム | ベンケイソウ科 |
| *Aeonium* | 生育タイプ／冬型 |

愛染錦（あいぜんにしき）

不規則な黄緑色の斑入りの葉が魅力。直射
日光と高温多湿が苦手なので、夏は明るい
半日陰に置く。分枝しながら上に伸びる。

ふやし方／挿し芽、株分け

生育タイプ
夏型、冬型、春秋型の3タイプ。
P.70〜72を
参考にしてください。

株姿のタイプ

高	…上に高く伸びる
大	…株自体が大きい
中	…こんもりまとまる
小	…葉が小さくて低い
垂	…垂れて広がる

寄せ植えでの使い方を
2つの役割に分けて表示。

アクセント
動きを出す

アエオニウム属
Aeonium

ベンケイソウ科
生育タイプ／冬型

愛染錦（あいぜんにしき）

高
動きを出す

不規則な黄緑色の斑入りの葉が魅力。直射
日光と高温多湿が苦手なので、夏は明るい
半日陰に置く。分枝しながら上に伸びる。

ふやし方／挿し芽、株分け

夕映え（ゆうばえ）

高
動きを出す

新芽は黄緑色になり、葉の縁にはうっすらと
ピンクの覆輪が入る。夏は休眠するので、
水やりを控えめにして半日陰に移動する。

ふやし方／挿し芽、株分け

エキヌス属 *Echinus*

ハマミズナ科
生育タイプ／冬型

＊近年はブラウンシア属（Braunsia）に分類されています。

碧魚蓮 （へきぎょれん）

小
動きを出す

魚が口をあけている姿を思わせる姿で、半透明の筋が入る。秋から冬に濃いピンクの美しい花がたくさん咲くのも魅力。

ふやし方／挿し芽、株分け

エケベリア属 *Echeveria*

ベンケイソウ科
生育タイプ／春秋型

アモエナ

大
アクセント

丈夫で育てやすい。乙女、花乃井、村雨などの名前でも流通する。紅葉すると葉先から赤みが強くなる。日照不足だと徒長する。

ふやし方／挿し芽、葉挿し

エケベリア属 *Echeveria*

グスト

高
動きを出す

エケベリアには珍しい木立性で、よく分枝する。小さめの葉は縁が赤くなり、表情豊か。春に花茎を伸ばして小さな橙色の花が咲く。

ふやし方／挿し芽、株分け

パールフォン
ニュルンベルグ

大
アクセント

赤紫を帯びた葉で、丈夫で育てやすい。紅葉すると濃い赤紫色に染まる。日当たりを好むが、真夏は半日陰に移動する。

ふやし方／挿し芽、葉挿し

エケベリア属 *Echeveria*

ピーチプリデ
大
アクセント

丸い葉で、紅葉すると葉の縁が淡いピンクになる。日当たりと乾燥気味を好む。日照不足や多肥だと徒長し、傷みやすい。

ふやし方／挿し芽、株分け

フロスティー
大
アクセント

白く細かい毛に覆われた葉で、秋から冬は青みがかった色になる。梅雨時期から雨の当たらない半日陰に移動する。

ふやし方／挿し芽、葉挿し、株分け

エケベリア属 *Echeveria*

紅日傘 （べにひがさ）
高
動きを出す

木立性で分枝しやすく、頂部でロゼット形にまとまる。紅葉すると葉の縁から赤くなる。夏は涼しく過ごさせる。

ふやし方／挿し芽、葉挿し、株分け

女雛 （めびな）
中
アクセント

赤い縁取りがかわいい。子株でよくふえる。高温多湿が苦手なので、夏は涼しい場所に。日当たりが悪いと徒長する。

ふやし方／葉挿し、株分け

オスクラリア属
Oscularia

ハマミズナ科
生育タイプ／冬型

琴爪菊 （きんそうぎく）

中
動きを出す

ギザギザした肉厚の葉と紫色の茎が魅力。春に咲く濃いピンクの花も美しい。茎はよく伸び、分枝して木化する。

ふやし方／挿し芽、株分け

オトンナ属
Othonna

キク科
生育タイプ／冬型

ルビーネックレス

垂
動きを出す

紅葉すると紫色がさらに鮮明になる。春または秋に黄色い花が咲く。関東以西では戸外で冬越しできる。丈夫で育てやすい。

ふやし方／挿し芽、株分け

オロスタキス属
Orostachys

ベンケイソウ科
生育タイプ／夏型

子持蓮華 （こもちれんげ）

中
動きを出す

ランナーを出して先端に子株をつけ、切り離して植えるとふえる。夏の高温多湿が苦手。冬は休眠して地上部が枯れる。

ふやし方／挿し芽、株分け

カランコエ属
Kalanchoe

ベンケイソウ科
生育タイプ／夏型

胡蝶の舞錦 （こちょうのまいにしき）

高
動きを出す

不規則な黄色い斑が入り、紅葉すると縁からピンクに染まる。夏は直射日光と過湿に注意。冬は霜に当てないようにする。

ふやし方／挿し芽、株分け

カランコエ属 *Kalanchoe*

白兎 (しろうさぎ)

大 アクセント

白く美しい毛に覆われた葉が特徴。葉の縁
に淡い斑点模様がある。高温多湿に弱いが、
寒さには比較的強い。乾燥気味を好む。

ふやし方／葉挿し、挿し芽、株分け

不死鳥 (ふしちょう)

高 アクセント

葉の縁にできる子株や挿し穂でふえる。過湿
が苦手。秋に赤い花を咲かせる。寒さにや
や弱く、霜に当たると溶けるように枯れる。

ふやし方／葉挿し、挿し芽、株分け

クラッスラ属 *Crassula*

ベンケイソウ科
生育タイプ／夏型、冬型、春秋型

ゴーラム

大 アクセント

別名は宇宙の木。成長すると茎が木化して
分枝し、上に伸びる。紅葉すると筒状の葉
先が赤くなる。育てやすい。生育は夏型。

ふやし方／葉挿し、挿し芽、株分け

小米星 (こごめぼし、こまいぼし)

中 動きを出す

別名は姫星(ひめぼし)。群生して上に伸びる。
春先に切り戻すと草姿が整う。紅葉すると葉
先が赤くなる。過湿に注意。生育は春秋型。

ふやし方／葉挿し、挿し芽、株分け

クラッスラ属 *Crassula*

デイビッド

`小` `動きを出す`

葉裏に細かい毛が生える。葉が連なって横に伸びる。夏は緑色で、紅葉すると葉が真っ赤に。生育は春秋型。

ふやし方／挿し芽、株分け

テトラゴナ

`高` `動きを出す`

直立して低木のような草姿に。切り戻すと分枝する。暑さ寒さに強く、育てやすい。生育は夏型。

ふやし方／挿し芽、株分け

火祭り （ひまつり）

`大` `アクセント`

紅葉が美しい。秋に茎を伸ばして白い花をつける。日当たりと乾燥気味を好む。強健種。生育は春秋型。

ふやし方／挿し芽、株分け

クラッスラ属 *Crassula*

姫緑 （ひめみどり）

`高` `動きを出す`

細いひも状の草姿。切り戻すと、分枝して群生する。夏は風通しのよい半日陰に。生育は春秋型。

ふやし方／挿し芽、株分け

ブロウメアナ

`小` `動きを出す`

よく分枝し、群生する。夏は直射日光と過湿を避け、風通しよく管理する。生育は春秋型。

ふやし方／挿し芽、株分け

フンベルティー

`高` `アクセント`

赤紫色の柄が入る個性的な姿。小さな花もかわいい。切り戻すとよく分枝する。生育は春秋型。

ふやし方／挿し芽、株分け

クラッスラ属 *Crassula*

紅稚児 （べにちご）

小
アクセント

真っ赤に紅葉し、金平糖に似た白い花が人気。暑さにも寒さにも強い。日当たりと風通しのよい場所で乾燥気味に管理する。生育は夏型。

ふやし方／挿し芽、株分け

ボルゲンシー錦

高
アクセント

（ぼるげんしーにしき）

葉の外側に白い斑が入る。直立して伸び、切り戻すと分枝する。紅葉すると斑がピンクになる。夏は半日陰に移動する。生育は春秋型。

ふやし方／挿し芽、株分け

クラッスラ属 *Crassula*

ムスコーサ

高
動きを出す

別名は青鎖竜（せいさりゅう）。若緑に似ているが、太くて葉が大きい。日照不足や過湿で徒長するので注意。生育は春秋型。

ふやし方／挿し芽、株分け

リトルミッシー

小
アクセント

小さな葉にピンクの縁取りがかわいい。横に広がるので、切り戻して挿し芽をするとふえる。夏の過湿と冬の霜に注意。生育は春秋型。

ふやし方／挿し芽、株分け

クラッスラ属 *Crassula*

ルペストリス
`高` `動きを出す`

別名は白星。星形の葉が魅力。よく分枝し、
上に伸びる。育てやすい。切り戻したら挿し
芽をするとよくふえる。生育は春秋型。

ふやし方／挿し芽、株分け

レモータ
`中` `アクセント`

シルバーがかった葉で、産毛のような質感が
特徴的。伸びたら切り戻す。寒さには比較
的強いが、高温多湿に注意。生育は春秋型。

ふやし方／挿し芽、株分け

クラッスラ属 *Crassula*

若緑 （わかみどり）
`高` `動きを出す`

葉は小さな鱗状で密につく。草丈が伸びたら
切り戻すと分枝してふえる。乾燥気味に管理。
冬は霜や凍結に注意する。生育は春秋型。

ふやし方／挿し芽、株分け

ワテルメイエリー
`中` `アクセント`

紅葉が大変美しく、葉が赤く色づく。白い花
もかわいい。株が育つと暴れやすい。暑さ
にも寒さにも強く育てやすい。生育は春秋型。

ふやし方／葉挿し、挿し芽、株分け

グラプトセダム属 *Graptosedum*
ベンケイソウ科
生育タイプ／春秋型

秋麗 （しゅうれい）
大 / アクセント

グレーを帯びたシックな葉色で、紅葉すると
オレンジ色っぽくなる。丈夫で育てやすい強
健種。葉挿しの成功率が高く、よくふえる。

ふやし方／葉挿し、挿し芽、株分け

ブロンズ姫 （ぶろんずひめ）
大 / アクセント

一年中、赤紫色の葉が寄せ植えのポイント
に。日当たりが悪いと緑色になる。葉挿しで
も簡単にふやせる。育てやすい。

ふやし方／葉挿し、挿し芽、株分け

グラプトセダム属 *Graptosedum*

リトルビューティー
大 / アクセント

紅葉すると葉の先端が赤みを帯びてかわい
い。丈夫で育てやすいが、草丈が伸びやすい
ので水を控えるとよい。葉挿しでもよくふえる。

ふやし方／葉挿し、挿し芽、株分け

グラプトペタルム属 *Graptopetalum*
ベンケイソウ科
生育タイプ／春秋型

朧月 （おぼろづき）
大 / アクセント

一年中、葉が白くマットな質感で、寄せ植え
のアクセントになる。とても丈夫で庭に植えて
も育てやすく、葉挿しでもどんどんふえる。

ふやし方／葉挿し、挿し芽、株分け

グラプトペタルム属 *Graptopetalum*

だるま秋麗（だるましゅうれい）
大／アクセント

ほんのりピンクがかったグレーで、ぷっくり膨らんだ丸い葉がかわいい。暑さ寒さに強く、丈夫で育てやすい。葉挿しの成功率が高い。

ふやし方／葉挿し、挿し芽、株分け

姫秋麗（ひめしゅうれい）
中／アクセント

淡いピンクの小さな葉が魅力。葉がぽろぽろと取れやすいので、やや植えにくい。落ちた葉をばらまいておくだけでも簡単にふえる。

ふやし方／葉挿し、挿し芽、株分け

グラプトベリア属 *Graptoveria*
ベンケイソウ科
生育タイプ／春秋型

白牡丹（しろぼたん）
大／アクセント

整ったロゼット形で、白く美しい葉。夏の蒸れに注意。日当たりが悪いと徒長するので、よく日に当てて育てる。

ふやし方／挿し芽、葉挿し、株分け

パープルデライト
大／アクセント

白い粉を帯びた赤紫色の葉。暑さ寒さには比較的強いが、夏場は直射日光を避けて半日陰に置いたほうがよい。葉挿しでもふえやすい。

ふやし方／葉挿し、挿し芽、株分け

グラプトベリア属 *Graptoveria*

薄氷 (はくひょう)
大 / アクセント

別名は姫朧月。かっちりと整ったロゼット形
の草姿。暑さ寒さに比較的強く、育てやす
い強健種。葉挿しでも簡単にふやせる。

ふやし方／葉挿し、挿し芽、株分け

コチレドン属 *Cotyledon*
ベンケイソウ科
生育タイプ／春秋型

福だるま (ふくだるま)
大 / アクセント

白い粉を帯びて丸く膨らんだ葉がかわいい。
紅葉するとやや赤みを帯びる。春から秋に黄
色い釣鐘形の花を咲かせる。成長は緩やか。

ふやし方／挿し芽、株分け

コチレドン属 *Cotyledon*

ペンデンス
中 / 動きを出す

ぷっくりした丸い葉が特徴。春から秋に花茎
を伸ばして釣鐘形の赤花を咲かせる。寒さ
に弱いので、冬は霜に当てないように注意。

ふやし方／挿し芽、株分け

セダム属 *Sedum*
ベンケイソウ科
生育タイプ／春秋型

アクレ アウレウム
小 / アクセント

新芽の黄色が大変美しく、寄せ植えに入れ
ると明るくなる。成長すると緑色になるので、
挿し芽で新しい芽を伸ばして更新する。

ふやし方／挿し芽、株分け

セダム属 *Sedum*

オーロラ

中　アクセント

淡いピンク色に紅葉する虹の玉の斑入り種。寒さにやや弱いので、冬は霜に当てないように注意。

ふやし方／ばらまき、挿し芽、株分け

黄金マルバマンネングサ
（おうごんまるばまんねんぐさ）

小　動きを出す

明るい色と丸い小さな葉が魅力。強健で育てやすい。地植えでグラウンドカバーにしてもよい。

ふやし方／挿し芽、株分け

黄麗　（おうれい）

大　アクセント

別名は月の王子。黄緑色で、セダムの中では大型。葉の縁から紅葉する。とても丈夫で育てやすい。

ふやし方／挿し芽、葉挿し、株分け

セダム属 *Sedum*

乙女心　（おとめごころ）

大　動きを出す

丸い葉の先が紅葉して愛らしい。夏の高温多湿と徒長に注意。わき芽がどんどん出てふやしやすい。

ふやし方／挿し芽、株分け

オノマンネングサ

小　動きを出す

別名は姫笹。笹のような細い葉の斑入り種。冬になると白い斑の部分がピンク色になるのも魅力。

ふやし方／挿し芽、株分け

カメレオン錦　（かめれおんにしき）

中　動きを出す

カメレオンの斑入り種で、斑がピンク色に紅葉する。伸びると草姿が暴れるので動きを出しやすい。

ふやし方／挿し芽、株分け

セダム属 *Sedum*

ゴールデンカーペット 小 アクセント

明るい黄色と小さな葉が密になって美しい。日当たりが悪いと間延びする。夏は葉焼けと高温多湿に注意し、半日陰で乾燥気味に。

ふやし方／ばらまき、挿し芽、株分け

白雪ミセバヤ（しらゆきみせばや） 中 アクセント

白くて小さな花のような草姿。暑さにも寒さにも比較的強い。蒸れがやや苦手なので、夏は風通しのよい半日陰に置くとよい。

ふやし方／挿し芽、株分け

セダム属 *Sedum*

スプリングワンダー 小 アクセント

黄緑色の葉が淡いピンクに紅葉する。株立ち状にふえる。暑さにやや弱いので夏は高温多湿に注意し、風通しがよい涼しい場所に置く。

ふやし方／挿し芽、株分け

タイトゴメ 小 動きを出す

暑さ寒さに強く、丈夫で育てやすい。日当たりが悪いと徒長するので注意。茎の部分が伸びやすいので、切り戻して仕立て直すとよい。

ふやし方／ばらまき、挿し芽、株分け

セダム属 *Sedum*

玉つづり （たまつづり）

中｜動きを出す

別名は玉簾（たますだれ）。放任すると頭が垂れて伸びる。高温多湿が苦手で、夏は半日陰に移動。春から秋はよく日に当てて育てる。

ふやし方／挿し芽、株分け、葉挿し

玉葉 （たまば）

中｜動きを出す

赤みを帯びた丸い粒状の葉が愛らしい。どんどん伸びていくので、切り戻して葉挿しにするとよい。春に黄色い星形の花を咲かせる。

ふやし方／葉挿し、挿し芽、株分け

セダム属 *Sedum*

テトラ

中｜アクセント

別名は大葉丸葉万年草（おおばまるばまんねんぐさ）。略して呼ばれているが、学名はテトラクティヌム。強健で、冬は葉色が濃くなる。

ふやし方／挿し芽、株分け

ドラゴンズブラッド

小｜アクセント

葉色は通年赤紫色で、紅葉するとさらに濃い紫色になる。暑さ寒さに強く、丈夫で育てやすい。冬は全体がやや小さく縮む。

ふやし方／挿し芽、株分け

セダム属 *Sedum*

トリカラー

`小` `アクセント`

気温が低いと斑のピンク色
が濃くなる。暑さ寒さに強く
丈夫だが、冬は葉が縮む。
乾燥に強い。

ふやし方／挿し芽、株分け

虹の玉 （にじのたま）

`中` `アクセント`

丸い葉が真っ赤に紅葉して
美しい。日当たりが悪いと
間延びする。育てやすい強
健種。

ふやし方／ばらまき、挿し芽、株分け

パープルヘイズ

`小` `アクセント`

夏はグレーがかった緑色
で、紅葉すると紫色になる。
マット状に広がる。高温多
湿が苦手。

ふやし方／挿し芽、株分け、ばらまき

セダム属 *Sedum*

パリダム

`垂` `動きを出す`

ヒスパニカムに似ているが
紅葉しない。高温多湿にや
や弱い。初夏に白い花を多
数つける。

ふやし方／株分け、挿し芽、ばらまき

春萌 （はるもえ）

`大` `アクセント`

成長が早く、暑さ寒さにも
強い。夏は明るい半日陰で
管理。春に咲く白い花は芳
香がある。

ふやし方／挿し芽、株分け

ヒスパニカム
プルプレア

`小` `アクセント`

寒くなると美しい紫色に変
化。夏は風通しのよい半日
陰が適する。初夏に白花を
咲かせる。

ふやし方／株分け、挿し芽、ばらまき

セダム属 *Sedum*

斑入り マルバマンネングサ

`垂`
`動きを出す`

葉の縁に白い覆輪が入る。強健で、丸い葉が這うように広がり、垂れ下がって伸びる。暑さにも寒さにも強く、庭植えにも適する。

ふやし方／挿し芽、株分け

ブレビフォリウム

`小`
`動きを出す`

葉がシルバーグリーンで立ち上がり気味に広がる。冬は葉色が濃くなり、全体にピンクを帯びる。夏の高温多湿が苦手。

ふやし方／株分け、挿し芽、ばらまき

セダム属 *Sedum*

プロリフェラ

`中`
`アクセント`

肉厚で小さなロゼット形。葉の縁がピンクに紅葉する。夏の高温多湿が苦手。成長が遅く、わき芽を伸ばしてふえる。

ふやし方／挿し芽、株分け

マジョール

`垂`
`動きを出す`

ブルーグリーンの葉色が魅力。伸びたら切り戻して挿し芽にするとふえる。高温多湿に弱いので夏は乾き気味に管理する。

ふやし方／挿し芽、株分け

セダム属 *Sedum*

ミルキーウェイ
<small>小</small>
<small>動きを出す</small>

小さな肉厚の葉が特徴。冬はほんのりピンク色を帯びて紅葉する。春に白い星形の花を咲かせる。暑さ寒さに強く、育てやすい。

ふやし方／ばらまき、挿し芽、株分け

セダム属 *Sedum*

レッドベリー
<small>小</small>
<small>アクセント</small>

みずみずしく小さな粒状の葉が美しく、真紅の紅葉も見応えがある。寒さと乾燥には強いが、高温多湿はやや苦手。夏は乾燥気味に。

ふやし方／ばらまき、挿し芽、株分け

銘月（めいげつ）
<small>大</small>
<small>アクセント</small>

黄色のつやがある葉で、ほんのりとオレンジ色に紅葉する。とても丈夫で育てやすい。上に伸びやすい。春に白い星形の花を咲かせる。

ふやし方／葉挿し、挿し芽、株分け

セデベリア属 *Sedeveria*

ベンケイソウ科
生育タイプ／春秋型

群月花（ぐんげつか）
<small>中</small>
<small>アクセント</small>

群月冠、スプリングジェイドの名前でも流通。子株が群生する。夏は明るい半日陰に移動し、水を控えめに。冬は凍結に注意。

ふやし方／挿し芽、葉挿し

セデベリア属 *Sedeveria*

スノージェイド

大
アクセント

青みを帯びたロゼット形の葉で、上に向かって伸びる。夏の暑さにはやや弱いので注意。紅葉するとオレンジ色を帯びて美しい。

ふやし方／挿し芽、葉挿し、株分け

ホワイトストーンクロップ

中
アクセント

グレーを帯びた淡いグリーンで、冬は全体が淡い赤紫色になる。上に伸びていくので、切り戻して仕立て直すとよい。夏は半日陰に。

ふやし方／挿し芽、葉挿し、株分け

セデベリア属 *Sedeveria*

マッコス

中
アクセント

小型のロゼット形でよく分枝し、周囲に子株がふえる。紅葉すると黄味が強くなり、葉の縁の赤が映える。夏は半日陰に移動する。

ふやし方／挿し芽、葉挿し、株分け

レティジア

大
アクセント

赤い縁取りがかわいい。周囲に子株ができてよくふえる。高温多湿が苦手なので、夏は涼しい場所に。日当たりが悪いと徒長する。

ふやし方／挿し芽、葉挿し、株分け

セネシオ属
Senecio キク科
生育タイプ／春秋型

エンジェルティアーズ 垂 / 動きを出す

別名は大弦月城錦。ピーチネックレスの斑入りタイプ。雫形の葉が愛らしい。比較的、水分は多めを好むが、蒸れには注意する。

ふやし方／挿し芽、株分け

グリーンネックレス 垂 / 動きを出す

水分を好むが、蒸れには注意。乾かしすぎると葉にシワが入るが、時間をかけて水やりをすれば元に戻る。高温多湿が苦手。

ふやし方／挿し芽、株分け

セネシオ属 *Senecio*

マサイの矢尻 (まさいのやじり) 高 / アクセント

矢のような形のユニークな葉。丈夫で育てやすい。どんどん伸びるので、切り戻して仕立て直すとよい。夏は半日陰で乾燥気味に。

ふやし方／挿し芽、株分け

パキフィツム属
Pachyphytum ベンケイソウ科
生育タイプ／春秋型

グラウクム 大 / アクセント

先端が尖った葉の形。暑さ寒さに強く育てやすい。葉挿しでふやす。夏は明るい半日陰に移動し、水を控えめに。冬は凍結に注意。

ふやし方／葉挿し、株分け

パキフィツム属 *Pachyphytum*

月美人 （つきびじん） 　大／アクセント

丸くて膨らんだ葉は、紅葉するとピンク色になってとてもかわいい。梅雨時期からは水分を少し減らし気味にして、高温多湿に注意。

ふやし方／挿し芽、葉挿し、株分け

フーケリー 　大／アクセント

ブルーグリーンの葉が魅力。丈夫で育てやすいが、植え替えのときに葉が取れやすいので注意する。葉挿しでふやせる。夏は半日陰に。

ふやし方／挿し芽、葉挿し、株分け

プレクトランサス属 *Plectranthus* 　シソ科　生育タイプ／夏型

ポーチュラカリア属 *Portulacaria* 　カナボウノキ科　生育タイプ／夏型

アロマティカス 　中／動きを出す

細かい毛に覆われ、ミントのような香りがする。挿し芽でふやしやすい。乾燥に強いが、冬の寒さに弱いので室内に取り込むとよい。

ふやし方／挿し芽、株分け

雅楽の舞 （ががくのまい） 　高／動きを出す

原種の銀杏木の斑入り種。紅葉すると斑がピンク色の縁取りになる。霜に当たると溶けるように枯れるので軒下や室内で保護する。

ふやし方／挿し芽、株分け

Chapter 4

多肉植物の育て方と管理のポイント

世界のさまざまな地域に自生する多肉植物たち。
日本での生育パターンや栽培のポイントをご紹介します。

多肉植物の生育サイクル
春秋型

　春と秋のおだやかな気候のときに生育し、夏や冬には生育を休むタイプが春秋型です。
　寄せ植えやアレンジに適した種類が多く、比較的草花に近い水やりで育てられます。熱帯や亜熱帯の高原が原産地なので、夏の高温多湿がやや苦手です。冬は霜に当てないように注意しましょう。

セダム パリダム

エケベリア
パールフォン
ニュルンベルグ

主な春秋型の種類

周年、適度な水やりが必要

- エケベリア属
- クラッスラ属（一部）
- セダム属
- セネシオ属（一部）
- パキフィツム属　など

春秋型の生育パターン

	1月	2月	3月	4月	5月	6月	7月	8月	9月	10月	11月	12月
生育の状況	休眠		生育				休眠		生育			休眠
水やり	控えめに		1週間に1回たっぷりと				控えめに		1週間に1回たっぷりと			控えめに
日当たり	よく日に当てる						やや遮光する		よく日に当てる			
風通し			できるだけ風通しよく				風通しよくする		できるだけ風通しよく			
肥料			薄めの液肥か置き肥						薄めの液肥か置き肥			
植えかえや挿し芽			適期						適期			

※控えめに…植物の様子を見ながら10〜14日に1回。　　やや遮光する…明るい半日陰または白い寒冷紗をかける。

多肉植物の生育サイクル
夏型

春から夏、秋に生育し、冬に生育を休むタイプが夏型です。

熱帯原産の多肉植物の多くがこのグループで、気温20〜30度でよく生育します。ただし、中には夏の高温多湿に弱い種類もあるので、盛夏はできるだけ風通しのよい場所で涼しく過ごさせましょう。

冬の休眠期は水分を吸収しないので、水やりを止めます。寒さが苦手で、5度以下になると傷んでしまうものもあります。日の当たる軒下や無加温の室内で保護します。

カランコエ 白兎

コチレドン ペンデンス

主な夏型の種類
冬の休眠期は断水する

- オロスタキス属
- カランコエ属
- クラッスラ属（一部）
- コチレドン属（一部）
- プレクトランサス属
- ポーチュラカリア属　など

夏型の生育パターン

	1月	2月	3月	4月	5月	6月	7月	8月	9月	10月	11月	12月
生育の状況	休眠			生育							休眠	
水やり	停止	控えめに	1週間に1回たっぷりと				控えめに		1週間に1回たっぷりと		控えめに	停止
日当たり	よく日に当てる						やや遮光する			よく日に当てる		
風通し		できるだけ風通しよく				風通しよくする			できるだけ風通しよく			
肥料				薄めの液肥					薄めの液肥			
植えかえや挿し芽				適期					適期			

※控えめに…植物の様子を見ながら10〜14日に1回。　やや遮光する…明るい半日陰または白い寒冷紗をかける。

秋から冬、春に生育し、夏に生育を休むタイプが冬型です。

日本の夏の高温多湿が苦手ですが、冬型といっても寒さに強いわけではありません。気温が5〜20度の風通しがよい環境でよく生育します。

冬に雨が多い地中海沿岸やヨーロッパの山地、南アフリカの高原などが原産地です。霜に当たると溶けるように枯れたり傷むので、無加温の室内や日当りのよい軒下などで保護します。夏の休眠期は水やりを止め、盛夏はできるだけ風通しよくして涼しく過ごさせます。

アエオニウム 愛染錦

オスクラリア 琴爪菊

主な冬型の種類

夏の休眠期は断水する

- アエオニウム属
- エキヌス属
- オスクラリア属
- オロスタキス属(一部)
- クラッスラ属(一部)など

冬型の生育パターン

	1月	2月	3月	4月	5月	6月	7月	8月	9月	10月	11月	12月
生育の状況	生育					休眠				生育		
水やり	やや控える	1週間に1回たっぷりと		控えめに		停止			控えめに		1週間に1回たっぷりと	
日当たり	よく日に当てる					やや遮光する	遮光する		やや遮光する	よく日に当てる		
風通し			できるだけ風通しよく		風通しよくする						できるだけ風通しよく	
肥料			薄めの液肥							薄めの液肥		
植えかえや挿し芽								適期				

※控えめに…植物の様子を見ながら10〜14日に1回。　　やや遮光する…明るい半日陰または白い寒冷紗をかける。
遮光する＝半日陰、または黒い寒冷紗をかける。

多肉植物の手軽なふやし方

適した方法を選べば、多肉植物は手軽にふやせます。
身近にある道具や用土を使って上手にふやし、寄せ植え作りに生かしましょう。

草丈が伸びすぎ、下葉が落ちてしまったグラプトセダム 秋麗。

↓

伸びた茎をはさみで切る。切った茎の先端から新たな芽が出る。

葉挿し

葉を外して用土の上に置くだけで、約2週間後に小さな芽や根が出ます。エケベリア、セダム、カランコエ、クラッスラなどが適し、生育期に行います。

1 茎から下のほうの大きな葉を外す。

2 用土を入れた鉢の上に置く。芽が出るまでは水やりしない。

3 芽が出て根が伸びてきたら水やり開始。元の葉はやがてしなびてくる。

挿し芽

茎を長めに切って用土に差します。エケベリアやクラッスラなどは切り口を乾かしてから差し、セダムやアエオニウム、セネシオなどはすぐに差します。

1 長く伸びた茎を切り、下葉をとって挿し芽にする。

2 ピンセットで立ててつかみ、乾いた用土に茎を深く差し込む。

3 半日陰の雨が当たらない場所に置き、約2週間後から水やりを開始する。

※ばらまき…葉挿しの要領で多肉植物の葉を取り、土の上にばらまく。

セダム 黄金マルバ
マンネングサ

株が横に広がってふえていくタイプ。鉢からあふれるくらいになったら株分けする。

株分け

親株から多数の子株が出て、株が広がってふえるセダムやクラッスラなどに適しています。生育期に行い、株分け後すぐに水をたっぷり与えます。

1 ポットを逆さにしてから、苗を静かに抜く。

2 根の回っている根鉢の下側½を取り除く。

3 根が自然に分かれる位置でタテ½くらいになるようにはさみを入れる。

4 ここでは2つに分ける。寄せ植えでは、細かく分けてもよい。

5 用土を入れた鉢に植えつける。水をたっぷり与えて半日陰で約1週間養生する。

寄せ植えの
リフォーム

成長してバランスが崩れてきた
多肉植物の寄せ植えは、
リフォームすれば見栄えもよくなり、
さらに長く楽しめます。

Before

植えつけて1年経ち、
バランスが崩れてきた。

After

間延びしていたAタイプは
キュッと小さくまとまり、
Bタイプは間引いたり、切り戻して
まばらな箇所に植え直す。

Aタイプ／上に向かって伸びる

グラプトベリア 薄氷

1 薄氷の長く伸びた株は、根ごと鉢から抜きとる。

2 下から約⅓の位置で切り、2つに分ける。

これを使う　別のポットに植えると芽が出る

3 葉のない茎、挿し穂状の葉のある部分に分ける。

この葉は葉挿しに使える　これを使う

4 下の葉をとり、茎を長く出す。

5 ピンセットで茎をつかみ、元の鉢に植え直す。

セダム玉つづり

6 玉つづりも薄氷と同じ要領で草丈が低くまとまるように植え直す。

Bタイプ／株が横にふえて広がる

クラッスラ
レモータ

1 レモータのようにマット状に植えた種類が伸びすぎたら、伸びた部分を短く切り戻す。

2 切った部分の下葉を取り除き、ピンセットで茎をつかんで生え方がまばらな場所に差す。

切り戻した茎で苗を作る

1 レモータやセダムの仲間のように広がって群落を作るものは、間引いたり切り戻した部分を挿し芽にする。

2 挿し穂状に整えた新芽を同じくらいの高さで束ね、ピンセットで用土にしっかり差し込み、半日陰で雨の当たらない場所に。

3 2から約2週間後から水やりをする。草丈が低くまとまり、こんもりした苗になる。

4 約2ヵ月育てると、傷んでまばらだったところも密に育ち、整った。

DIYに便利な道具や資材

小さな寄せ植えをかわいくする、便利でおすすめの DIYグッズです。
100円ショップやホームセンターなどで手軽に入手できます。

塗料

シーラー または プライマー

缶やプラスチックなどに下塗り剤として塗って乾かすと、塗料がきれいに塗れる。

プラスターメディウム

漆喰風や珪藻土風など、塗って乾かすだけで質感の異なる風合いに仕上がる塗料。

アクリル絵の具

水性で塗りやすく、乾くと防水性もアップする。種類が豊富でカラフルに表現でき、イメージを大きく変えられる。

デコパージュ専用液

100円ショップでも入手できる。オールマイティータイプは、下塗りと仕上げ塗りの両方に使える。

道具

のこぎり

木材を切るために使用。本書に登場する手軽なDIYなら、小型のもので十分。

平ばけ

アクリル絵の具やシーラーでも使える、ナイロン製や豚毛のものがおすすめ。

スポンジ

食器洗い用のスポンジ。切り分けて塗料をなじませ、アンティーク調に加工する際に使用。

ラジオペンチ

先が細めのラジオペンチは、針金を切ったり丸めたりするときに使いやすい。

ハンマー

くぎを使って木の板を組み立てたり、缶の底に穴をあけたりなど、多用途に使える。

プラスドライバー

主にネジを固定するときに使用。ハンドル部分が太めのものが使いやすい。

きり

板や缶、プラ鉢などに穴をあける。保管するときは先端にキャップをしておく。

資材

両面テープ

リボンや布などを手軽に接着できて、接着面が目立たない。濡れている場所には向かない。

ココヤシファイバー

ハンギングやバスケットなどに使用し、用土や金属面などをナチュラルにカバーする。

カラーサンド

化粧砂利ともいわれる。寄せ植えの株元などに敷いてイメージアップ。

ワイヤー

表面をコーティングしてあるアルミのワイヤーは、さびにくく適度な固さで使いやすい。

くぎとビス

太いくぎは、缶の底に水抜き穴をあけるのに便利。ビスはねじ込んでパーツの固定に使用。

寄せ植えをすてきにするDIY

リメイク缶やステンシルなど、ひと手間かけるだけで、寄せ植えがおしゃれに変身！
手軽な DIYのポイントをご紹介します。

リメイク缶を作る

シーラーとアクリル絵の具で缶がアンティーク調の鉢代わりに。スポンジの使い方と英文のシールがポイント。

下塗りしたら乾かそう

1
缶の切り口はペンチでつぶし、触っても手が傷つかないようにする。ハケでシーラーを薄く均一に塗ってよく乾かす。これで缶に塗料が塗れる。

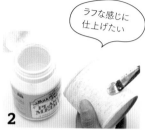

ラフな感じに仕上げたい

2
1が乾いたら、上から漆喰風の塗料を塗る。

3
はけをよく洗い、2が乾いたらアクリル絵の具で表面と縁の内側を塗る。

缶の上下の縁を中心に、スポンジで軽くたたく

4
3が乾いたら茶色のアクリル絵の具をスポンジにつけて缶の縁を軽くたたき、ダメージ加工をする。

手でちぎると紙の縁がナチュラルに

5
海外の雑誌や英字新聞などを用意。使用したい部分を手でちぎる。

6
5の裏面に両面テープを隙間なく貼りつけ、台紙をはがす。

7
6を4の缶に貼りつける。塗料の凹凸があるので、しっかり押さえて貼る。

好みの色の絵の具を塗って作ってみよう。缶の中に用土を入れ、多肉植物を植えつければ、世界でたった1つの作品になる。

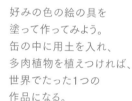

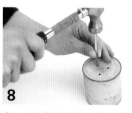

8
太めのくぎを用意し、7の缶を裏返してくぎをハンマーでたたき、水抜き穴を3〜4ヵ所あける。

完成

リメイク缶に
ステンシルをする

コピー用紙などを切り抜いた型染めがステンシル。アクリル絵の具と毛足の短いはけを使うとカンタンにできる。

1
コピー用紙に好きな数字やイラストなどを書いて切り抜き、固定する。はけにアクリル絵の具をなじませ、型の上から軽くたたいてイラストを写し込む。

2
アクリル絵の具が乾いたらコピー用紙を外す。ステンシルがくっきりと映えるには、白や黄色などの明るい色を使うのがコツ。

用土がこぼれないようにする

ざるやかごを使って寄せ植えを作るときには、隙間から用土がこぼれないようにビニールを活用する。

1
ざるの上にココヤシファイバーを敷き、その上に穴を4〜5ヵ所あけたビニールを広げる。

2
ビニールの上から用土を入れ、多肉植物の苗を植えつける。初回の水やりは静かに、数回に分けてゆっくり水分を浸透させる。

きりでプラ鉢に穴をあける

プラ鉢や缶などに取り手などを取りつけるときは、きりで穴をあけると便利。手などを傷つけないようにゆっくりと静かに力を入れる。

1
ポットにシーラーを塗り、乾いてからアクリル絵の具を塗る。絵の具が乾いてから側面にきりで穴をあける。

2
ワイヤーでハンドルを作り、左右の端を折り曲げて1の穴に差し込む。裏側でワイヤーを曲げて固定し、ハンドルを取りつける。

ワイヤーをひねって固定する

リメイク缶とワイヤーや、ワイヤー同士を固定するときは、太さ1mm程度の細めのワイヤーを短めに切り、ワイヤーをひねって留める。

1
あらかじめきりで缶の部分に穴をあけておき、長さ4〜5cmに切った太さ1mmのワイヤーを通して、裏側でワイヤーの両端をひねって固定する。

2
バスケットの左右と下側を、同様にワイヤーをひねって缶の蓋に固定する。3ヵ所をしっかり留めればぐらぐら動かない。

多肉植物の購入先とネットショップ 2021年9月末現在

＊「ネット通販あり」はネットショッピングできる業者です。
＊営業日、営業時間などは、各ショップのホームページをご確認ください。変更になることがあります。

■ 株式会社　河野自然園（こうのしぜんえん）

多肉植物のほかにも、
球根植物や季節の宿根草、園芸資材などを販売。
市場ではなかなか手に入りにくい珍しい球根や
セダム類のラインナップが充実。
農園では各種園芸教室も開催している。

寄せ植えに適した多肉
植物を生産・販売。
豊富なラインナップ。

かわいい寄せ植え
や作家ものの鉢も
取り扱っている。

〈農園ハウス〉
神奈川県横浜市港北区新羽町4254
TEL●070-5587-2973
営業時間●10:00～16:00（無休）
横浜市営地下鉄ブルーライン「仲町台駅」より徒歩12分
https://kyukon.com/
＊ネット通販あり

■ 錦玉園（きんぎょくえん）

長野県小諸市南ヶ原3897
TEL●0267-25-0923
https://www.kingyokuen.com/
https://kingyokuen.stores.jp/（ネット通販）
＊ネット通販あり

■ 鶴仙園（かくせんえん）〈西武店〉

東京都豊島区南池袋1-28-1
西武池袋本店 9階屋上
グリーンショップ 鶴仙園
TEL●03-5949-2958（直通）
https://www.sabo10.tokyo/
＊ネット通販あり

■ カクタス・ニシ

和歌山県和歌山市大垣内688（展示即売場）
TEL●073-477-1233
http://www.cactusnishi.com/
＊ネット通販・カタログあり

■ タナベフラワー

神奈川県川崎市宮前区馬絹6-25-8
TEL●044-877-5852
https://www.tanabeflower.com/

■ コーナン

大阪府大阪市淀川区西宮原2-2-17
TEL●06-6397-1621
https://www.kohnan-eshop.com/
＊ネット通販あり（資材・道具など）

■ irie+ garden&café

植物と雑貨の小さなお店とゆっくりくつろげるcafé。
ガーデンデザインや植栽は平野さんが手がけている。
多肉植物の寄せ植えワークショップも
定期的に開催されている。

横浜市神奈川区入江1-5-24
TEL●045-633-1240
営業時間●12:00～18:00（ラストオーダー17:30）
営業日●水　木　金　土　日（月2回）
https://ameblo.jp/from-irie/
https://www.instagram.com/irie.garden.cafe/

手作りのガーデンが人気。

ショップサインも
多肉植物！

看板ネコの
いなりちゃん。

ア

愛染錦　あいぜんにしき ……… 50
アエオニウム属 ……………… 50
アクレ アウレウム ……………… 60
アモエナ ………………………… 51
アロマティカス ………………… 69
エキヌス属 …………………… 51
エケベリア属 ………………… 51
エンジェルティアーズ ………… 68
黄金マルバマンネングサ
　おうごんまるばまんねんぐさ …… 61
黄麗　おうれい ………………… 61
オーロラ ………………………… 61
オスクラリア属 ……………… 53
乙女心　おとめごころ ………… 61
オトンナ属 …………………… 53
オノマンネングサ ……………… 61
朧月　おぼろづき ……………… 58
オロスタキス属 ……………… 53

カ

雅楽の舞　ががくのまい ……… 69
カメレオン錦
　かめれおんにしき …………… 61
カランコエ属 ………………… 53
琴爪菊　きんそうぎく ………… 53
グスト …………………………… 51
グラウクム ……………………… 68
クラッスラ属 ………………… 54
グラプトセダム属 …………… 58
グラプトペタルム属 ………… 58
グラプトベリア属 …………… 59
グリーンネックレス …………… 68
群月花　ぐんげつか …………… 66
ゴーラム ………………………… 54
ゴールデンカーペット ………… 62
小米星　こごめぼし …………… 54
胡蝶の舞錦
　こちょうのまいにしき ……… 53
コチレドン属 ………………… 60
小米星　こまいぼし …………… 54
子持蓮華　こもちれんげ ……… 53

サ

秋麗　しゅうれい ……………… 58
白雪ミセバヤ
　しらゆきみせばや …………… 62
白兎　しろうさぎ ……………… 54
白牡丹　しろぼたん …………… 59
スノージェイド ………………… 67
スプリングワンダー …………… 62
セダム属 ……………………… 60
セデベリア属 ………………… 66
セネシオ属 …………………… 68

タ

タイトゴメ ……………………… 62
玉つづり　たまつづり ………… 63
玉葉　たまば …………………… 63
だるま秋麗　だるましゅうれい … 59
月美人　つきびじん …………… 69
デイビッド ……………………… 55
テトラ …………………………… 63
テトラゴナ ……………………… 55
ドラゴンズブラッド …………… 63
トリカラー ……………………… 64

ナ

虹の玉　にじのたま …………… 64

ハ

パープルデライト ……………… 59
パープルヘイズ ………………… 64
パールフォンニュルンベルグ … 51
パキフィツム属 ……………… 68
薄氷　はくひょう ……………… 60
パリダム ………………………… 64
春萌　はるもえ ………………… 64
ピーチプリデ …………………… 52
ヒスパニカム プルプレア …… 64
火祭り　ひまつり ……………… 55
姫秋麗　ひめしゅうれい ……… 59
姫緑　ひめみどり ……………… 55
斑入りマルバマンネングサ … 65
フーケリー ……………………… 69

福だるま　ふくだるま ………… 60
不死鳥　ふしちょう …………… 54
プレクトランサス属 ………… 69
ブレビフォリウム ……………… 65
フロスティー …………………… 52
プロリフェラ …………………… 65
ブロンズ姫　ぶろんずひめ …… 58
フンベルティー ………………… 55
碧魚蓮　へきぎょれん ………… 51
紅稚児　べにちご ……………… 56
紅日傘　べにひがさ …………… 52
ペンデンス ……………………… 60
ポーチュラカリア属 ………… 69
ボルゲンシー錦
　ぼるげんしーにしき ………… 56
ホワイトストーンクロップ …… 67

マ

マサイの矢尻　まさいのやじり … 68
マジョール ……………………… 65
マッコス ………………………… 67
ミルキーウェイ ………………… 66
ムスコーサ ……………………… 56
銘月　めいげつ ………………… 66
女雛　めびな …………………… 52

ヤ

夕映え　ゆうばえ ……………… 50

ラ

リトルビューティー …………… 58
リトルミッシー ………………… 56
ルビーネックレス ……………… 53
ルペストリス …………………… 57
レッドベリー …………………… 66
レティジア ……………………… 67
レモータ ………………………… 57

ワ

若緑　わかみどり ……………… 57
ワテルメイエリー ……………… 57

著者紹介

平野純子(ひらのじゅんこ)

(株)河野自然園でDIYやガーデンデザインを担当。その後、造園会社に勤務し、ガーデン施工を中心に行っている。ガーデニング雑誌「園芸ガイド」、雑誌「家の光」などで多肉植物の寄せ植えやデザインを発表。多彩でアイディア豊かな作品は、幅広い年齢層に人気がある。2017年の「国際バラとガーデニングショウ」のフロントガーデン部門で「最優秀賞」を受賞。著書『カンタンDIYで作れる! 多肉植物でプチ! 寄せ植え』(主婦の友社)など。

デザイン ● 矢作裕佳(sola design)
写真・動画撮影 ● 杉山和行(講談社写真部)
取材協力 ● 河野自然園、irie+ garden&café
写真提供 ● 弘兼奈津子、澤泉美智子、講談社写真部(林 桂多　山口隆司)
編集協力 ● 澤泉美智子(澤泉ブレインズオフィス)

はじめてでも
かわいく
作れる!

プチ多肉(たにく)の
寄せ植え
アイデア帖(ちょう)

2021年10月19日　第1刷発行
2023年 1 月10日　第4刷発行

著　者　　平野純子(ひらのじゅんこ)
発行者　　鈴木章一
発行所　　株式会社 講談社
　　　　　〒112-8001　東京都文京区音羽2-12-21
　　　　　(販売)03-5395-3606
　　　　　(業務)03-5395-3615

KODANSHA

編　集　　株式会社講談社エディトリアル
　　　　　代表　堺 公江
　　　　　〒112-0013　東京都文京区音羽1-17-18　護国寺 SIAビル6F
　　　　　(編集部)03-5319-2171
印刷所　　株式会社東京印書館
製本所　　大口製本印刷株式会社

N.D.C.627.7　79 p　21cm
©Junko Hirano, 2021 Printed in Japan
ISBN978-4-06-525713-5